KB183473

치매 파킨슨병 예방법

미국 의사들과 과학자도 인정

일파 합장 지음

도서출판 청어

치매 파킨슨병 예방법

미국 의사들과 과학자도 인정

일파 합장 지음

도서출판 청어

치매, 파킨슨병 예방법

—미국 의사들과 과학자도 인정

일파 합장 지음

내 영혼을 등불로

-일파 합장

오늘은 어제의 집착
내일은 오늘로 소유
오늘에 갇힌 사람들

쳇바퀴 지상의 어둠
허무히 가는 영혼들

현세는 구천의 거울
죽음은 생에의 관념
대물림하는 사람들

미혹한 마음의 길을
외로이 헤매는 영혼
그들을 위해

내 영혼 환히 밝힌
지상의 등불

차례

머리말

전 국민에게 피를 토하는 심정으로 호소합니다!

소승 일파는 지난 30년간 국가와 민족을 위한 국운 상승을 위해 대통령과 높으신 정·재계 분들에게 목숨을 걸어가며 이 나라가 바로 가는 길을 알려왔습니다. 하지만 그 30년의 세월은 부질없는 외침으로 메아리 되어 돌아왔기에, 수행하며 걸어가는 나에게 얼마 남지 않는 시간을 이 나라의 제일 큰 힘이자 희망인 국민에게 마지막으로 피를 토하는 심정으로 호소합니다.

보이지 않는 영의 세계를 알리고 그 뜻을 알기에 수많은 부르짖음과 외침을 하였건만, 나 자신도 예언이 빗나가길 내심 바랐지만, 한 치의 오차 없이 나타나는 사건, 사고들로 이미 나의 아픔은 강물이 되고 바다를 이루었습니다.

대운….

1597년 음력 9월 16일, 전라남도 진도군 군내면과 해남군의 문내면 사이에 있는 울돌목 명량 해협 충정의 영으로 후세에

길이 남은 삼도수군통제사 이순신 장군이 지휘하는 조선 수군 12척이 일본 수군 133척을 물리치며 일본 수군의 서해 진출과 수륙병진의 진출을 좌절시킨 조선의 국운을 결정지었던 대운의 시간. 하지만 수장되어 울돌목에서 물보라 치며 울부짖는 타국과 조국의 어진 영혼들은 어찌하랴.

대흉….

2014년 4월 16일, 전라남도 진도군 조도면 병풍도 맹골수도의 해협. 인천항에서 출발한 여객선 '세월호'에 단원고등학교 학생 325명과 선원 30명 등 총 476명이 탑승하여 운행 중 침몰한 사고, 우리의 후세에 아픔으로 남을 대흉의 시간. 그리고 천안함 사태, 22사단 임 병장 사건, 28사단 윤 일병 사건 등, 이들이 떠나간 자리에 남은 절규하고 울부짖는 영혼들의 목소리를 누가 들어줄 수 있습니까?

대운의 시간은 환희와 감동으로 남아 몇백 년이 지난 지금도 우리에게 희망과 웃음을 안겨주지만, 대흉의 시간은 남아있는 자들로 하여금 찢어지는 슬픔과 고통으로 눈감는 그날까지 한으로 남을 수밖에 없기에 그 심정을 소중히 담아 영계에 이르는 길로 인도하는 소승의 힘이 미약하여 작은 소리밖에 낼 수 없지만, 이 소리가 메아리 되어 대한민국을 움직이는 정·재계 훌륭하신 분들이 귀 기울여 주시길 희망합니다.

그동안 많은 분이 소승의 외침에 귀 기울여 주셨습니다. 하지만 시간의 흐름은 망각이란 흐름을 거스를 수가 없습니다. 망각의 흐름 속에 어제는 이웃의 일로 아파하다 오늘의 나의 일로 괴로워하는 국민의 아픔은 끊임없이 고통을 안겨주며, 한 편의 드라마와 같이 다가와 절규하는 영혼의 호소는 힘없는 나로 하여금 죽음 이상의 아픔의 눈물을 안겨줍니다.

대운의 희열 속에 떠난 자의 한 맺힌 절규는 시간이 지나 그 자리, 그 터에 인과응보로 남아 대흉의 절규로 이어질 것을 알기에 수행자가 아니면 어느 누가 그 터를, 그 영을 달래줄 것인가.

그 누구의 잘못이라면 반드시 책임을 묻고 반복되는 일이 일어나지 않게 하여야겠지만, 누가 그 짐을 짊어지겠습니까? 누구나 천지의 기운을 받아 이 땅에 태어나 조, 후의 기운으로 살아가다 운명을 다하고 떠납니다.

하지만 조상의 기운, 나의 노력이 다르며 태어난 곳, 살아가는 곳이 틀리듯 개개인의 운명이 다르며, 이 땅을 떠나서도 좋은 그곳으로 돌아가지 못하는 영혼은 우리에게 나쁜 영향을 줍니다. 이런 영을 극락으로 인도하지 못한다면 또다시 국민의 아픔은 커질 겁니다.

이 모든 진실을 알고 있는 수행자로서 역사의 흐름이라 치부하고 돌아설 수 있겠지만, 내 눈 앞에 펼쳐지는 슬픔과 고통을 뒤로 한 채 돌아서기에는 수행자의 길을 버리는 것과 같기에, 이 땅을 떠나는 그날까지 소승은 다시 한번 용기 내어 유명을 달리한 영혼, 나의 일이 아닌 이상 알려고도 하지 않는 망각의 영혼들의 울부짖음과 절규의 진실을 알리고자 합니다.

이 책이 나라와 국민을 위한 저의 마지막 외침이기를 간절히 바라며….

대구 팔공산 갓바위 토굴에서

일파 합장(合掌)

추천사

이 혼탁한 세상에 핀 우담바라

무진 합장(合掌)

혼탁한 연못에 핀 연꽃도 계절의 우여곡절을 겪으매, 너른 세상 안개 속에 핀 우담바라 세파에 시련 없음일런가. 부디 환한 등불로 오래오래 피어 있어, 지상에서 천상으로 가는 어두운 길 비추어 주시옵기를 간절히 바랍니다. 그 꽃, 내 상좌일 적 미처 몰라보았으니 내 어두운 눈(眼)을 뜨게 하여준 꽃 우담바라 일파. 성품은 강직하고 심성이 여리고 유연하니, 말은 곧은 직설이며 마음은 부드럽고 원만하여, 혼탁한 세상에서 오해와 곡절 많이 겪음을 예나 지금이나 걱정하지 않을 수 없다.

그도 그럴 것이, 세상인심은 효(孝)를 버려 아집을 쫓고 영(靈)은 죽고 신(身)만 살찌우는 가운데, 종교는 하늘을 잃고 허망

(虛妄)한 사다리만 기어오르는 격이며, 학문은 천기(天氣)를 외면할 거 지기(地氣)를 짓밟아 우상(愚像)만 더듬고 문자(文字) 옷 입힐 치장에만 골몰하니, 어찌 우담바라 피어 있음을 볼 줄 알 것이며, 어찌 소중함을 알 것이며, 어찌 그 쓰임새의 지혜를 가질 수 있을 것인가.

너도, 나도 그 꽃 따려고만 할 것이니 안쓰럽기 그지없다.

이러한 차에, 고난으로 피어 향기를 나눠주는 일파 우담바라. 하늘에는 영(靈)을 땅에는 복락을 사람에는 건강과 지혜를 효에 담아줌에, 신(神)도 감동함이리라. 예언은 한 치의 오차 없이 들어맞고 실행은 망설임 없이 열매를 맺는다. 하여, 시심 작불 유심 소작(是心作佛 推心所作), 부처는 마음에서 비롯되고 모든 일은 마음에 달렸다. 임을 현현(顯現)해 보임을. 이 혼탁한 세상에 핀 우담바라. 부디 오래오래 피어 있어, 그 향(香)과 지혜, 신법(神法)의 아름다운 빛으로 어두운 곳 환히 비춰주기를 간절히 바랍니다.

그는 신(神)이다

심흥섭(자유 방송국 대표)

누가 이 세상에서 신(神)을 보았다는 말이 심심찮게 들리곤 한다.

그럴 경우, 현재 정치 종교 전문 방송국을 운영하는 나로서는 관심을 가질 수밖에 없다. 때로는 먼 나라에서 누가 성모의 기적을, 예수와의 만남을, 때로는 국내에서 기적을 행한다는 누구, 신이 되었다는 누구. 그런데 나는 그 전부를 믿지 않는다. 거짓으로 판명되는 경우가 다반사이기 때문이다. 이를테면 참과 거짓에 대한 진실 밝히기에 열성인 내 근성 탓이기도 하다.

대학교를 졸업하고 이때껏 서울신문사 기자와 편집국장으로, 팔순을 바라보는 현재는 정치 종교 전문방송국을 운영 하며 살아가고 있다. 한평생의 체질적 근성이기도 하지만, 정신적 체험에 의한 안목이 생겼기 때문이라고 자신 있게 말할 수 있다. 그런 내가 신이라고 인정하는 인간이 있다.

그 신이 바로 일파 스님이다.

일파 스님과의 인연은 오래 세월을 거슬러 올라가야 한다. 내 기억으로는 그때가 1997년에서 1998년 언저리였던 듯싶다. 그때 불교 원효종의 큰스님 무진 스님의 상좌로 스님이 된 일파 스님과 만남부터가 예사롭지 않았었다.

무진 큰스님에게는 도관 스님이라는 또 한 분의 상좌스님이 계셨는데, 그분이 후에 국회의원도 출마하셨고, 김종필 총재의 심복이기도 하셨던 분(이승우)이다. 나와는 호형호제(呼兄呼弟)할 정도로 막역한 사이이다.

그런데 도관 스님이 일파 스님의 예언력을 시험 삼아 청하신 예언에 일파 스님은 도관 스님이 일주일 후 중풍에 걸리겠다는 충격적인 예언을 하신 것이다. 도관 스님은 불쾌함으로 화를 내시며 믿으려 하지 않았으나 일파 스님의 예언은 불행히도 적중했다.

멀쩡하던 도관 스님이 거짓말처럼 쓰러지셨고, 도관 스님을 병원에 입원시킨 내 슬픔과 상심은 이루 말할 수 없을 정도였다. 도관 스님에게 지팡이를 선물해야 하는 그 심정은 칼에 심장을 찔린 듯한 아픔이 섰다. 그러는 동안 일파 스님은 그 불미스러운 일로 인해 쫓겨나고 말았음을 나중에 알게 되었다.

그러나 일파 스님의 정확한 예언력과 치유능력은 그 후에 입증되었다. 서울 영동호텔 뒤에서 철학관을 운영하고 있다는 일파 스님은 한편으로 동산(東山) 포교원을 설립, 오갈 데 없는 노스님들과 사회에서 소외된 사람들이 머물도록 해주고 있었다.

동산(東山)은 무진 큰스님의 호(號)였으니, 큰스님에 대한 그 각별한 마음을 알 수 있다. 나는 일파 스님을 찾아가 간곡히 부탁했다. 도관 스님을 용서하시고 병을 고쳐달라는 나의 청을 거절치 않고, 도관 스님을 동산포교원에 모신 다음 기도와 조상천도를 하고 자신만의 비법으로 복이 받게 함으로써 도저히 상식적으로는 믿기 어려운 기적이 일어났다. 이번에도 7일 만에 도관 스님이 지팡이를 내던지고 일어나 동산포교원 밖 비탈길을 뛰어다녔다.

그야말로 믿기 힘든 기적이었다. 내 두 눈으로 직접 보면서도 믿어지지 않았다. 실로 신이 아니고서야 어찌 이런 기적을 내 눈앞에 펼쳐 보일 수 있단 말인가. 그뿐만 아니라 도관 스님을 동산포교원의 주지로 모시기까지 한 일파 스님의 넓은 덕

(德)에는 머리가 저 절로 숙여졌다. 알면 알수록 신비한 존재여서, 내가 제의했다.

"그 비법을 모두 다 내놓아 증명해 보이면 내가 글도 써주고 방송하여 세상에 널리 알리는 데 앞장서겠다."

흔쾌히 승낙한 일파 스님은 나를 국립묘지로 데리고 갔다. 자신의 효 학문 영혼 철학을 증명해 보이겠다고 한 일파 스님은 술과 담배를 묘 앞에 놓기 전 나에게 먼저 맛을 보라고 했다. 그리고 난 후,

"이 묘의 주인이신 영은 못 가셔서 구천을 떠돌고 계시므로 술맛과 담배맛이 탁하고 쓸 것입니다."

"이 묘의 주인이신 영은 좋은 곳으로 잘 가셨기에 술맛과 담배맛이 순하고 맑을 것입니다."

하면서 바로 영접속을 하며 묘지들을 순례하였다. 믿을 수 없게 말한 그대로 술맛이 그때마다 변했다. 도저히 설명 불가한 일이었다. 나는 흥분해서 말했다.

"당신은 신이다!"

나는 캠코더를 들고 직접 촬영하며 일파 스님의 뒤를 쫓았다. 더 이상 설명할 수 없다. 그동안 내가 만나 친분을 가진 종교계와 무속인들이 수천 명인데, 일파 스님 같은 분은 없었기에

더욱 놀랄 수밖에 없었다. 그러한 비법을 가지고 있음에도 세상에 알려지지 않은 것 또한 흥미로웠다.

요즘 세상에서는 너나 할 것 없이 자기를 알리기 위해 온갖 편법과 술수가 판치는데, 그런 일들과는 무관하게, 아니 무관심으로 숨어서 기적을 행하는 일파 스님이 측은하기도 하고 안 돼 보이기도 하고… 그랬다.

그뿐이 아니다. 동산포교원을 도관 스님에게 주고 자신은 국운 상승을 위한 영가천도를 하느라 무척 많은 고생을 했다. 그때 많은 정·재계 인사들을 당선시켜준 대가로 받은 게 고작 배신과 약속 불이행이었던 것으로 안다.

인간적인 일파 스님이므로, 그들의 비인간적인 처사에 무척 상심했으리라 짐작된다. 그 후, 일파 스님은 훌쩍 일본으로 떠나버렸다. 일본에 건너가 철학관을 했고, 그때 통역을 맡은 미혼의 젊은 여성이 나를 다시 한번 경악케 했다. 꽤 미인이었음에도 왼쪽 귀와 턱 사이에 보기 흉한 커다란 혹이 달려 있었다(김일성의 혹을 연상하면 된다).

그런데 일파 스님을 만나고부터 차츰 빠르게 혹이 작아지고 있다는 거였다. 손도 대지 않고 고치는 중이라면서, 완전히 사라질 때까지의 경과를 직접 확인시켜 주겠다는 거였고, 이번에도 나는 그녀의 혹이 사라지는 기적을 직접 목격했다. 어떻게 이런 일이 가능한가. 신이 아니고서는 불가한 일이었다.

그 뒤로 그녀는 결혼도 했고, 일파 스님이 고 노무현 대통령을 당선시키고 봉사활동을 위한 영가천도를 후원해주겠다는 약속에 속아 강남 압구정에 얻은 사무실마저 그녀에게 준 것으로 안다. 그렇게 남들만 도와주느라 정작 자신은 고통을 겪어야 한 일파 스님이다.

그러나 지금이라고 별반 달라진 게 없지 싶다. 그동안의 고행에 지친 듯하기도 하고, 여전히 남들이 자기를 위해 이기적으로 살 때에도 일파 스님은 무료 천도를 많이 해주고, 후원해 주는 분들 이래야 효 학문을 직접 체험하여 믿게 된 분들과 지인들 몇 분인 것으로 안다.

그나마 발전한 것이 있다면, 인터넷에 네이버 카페 〈행복한 가정만들기〉를 개설해 조금 더 많은 사람에게 알리고 있다는 것이다. 나는 자주 그 카페에 들어가 본다. 그리고 여전함에 안타깝다. 일파 스님을 후원하는 분들이란 어려움에 처해 찾아오는 분들이고, 여전히 도움을 받는 쪽이 아니라 주는 쪽에 있다. 심성이 사람 돕기를 좋아하여 거절치 못하는 일파 스님.

일파 스님의 말씀처럼 도의(道義)가 땅에 떨어지고 효(孝)가 부재하는 현세에서… 이제 효를 드러내고 펼쳐서 병든 세상과 사람들을 치유하는 비법이 영원히 끊겨 사라진다. 생각하면 안타까움은 자연스레 요즘 유행하는 종말론에 가 닿는다.

정녕 이대로 종말을 맞이하고만 있을 것인가.

종말을 막기 위해 고군분투(孤軍奮鬪)하는 외로운 효 학문을 위해 쾌척할 후원이 나타나기를 기대하며, 나 자신 효 학문이 세상에 널리 알려져 병든 세상과 사람들을 건강케 하고 못 가신 조상님들을 좋은 곳으로 천도해주게 되기를 기도하며 국운 상승 천도 사업에 동참하고자 한다.

오늘도 외로이 땅의 길, 하늘의 길을 닦으며 가는 효 학문과 일파 스님. 파이팅!

인터뷰 1

안녕하세요.

호담 기자 인사 올리겠습니다.

이렇게 직접 뵙고 인터뷰하게 되어 영광으로 생각합니다.

인터뷰를 시작하겠습니다.

일파 스님 첫 번째 질문을 올리겠습니다.

치매는 후천적으로 기억, 언어, 판단력 등의 여러 영역의 인지 기능이 감소하여 일상생활을 수행하지 못하는 임상 증후군을 의미하는데, 현재까지 발생 기전이 확실히 규명되지 않았고, 원인을 치료할 수 있는 치료법도 없는 상태입니다.

따라서 미리 예방하는 것이 중요한데 스님은 어떤 방법으로 치매에 걸리지 않도록 예방을 하신다는 말씀입니까?

지금 달나라에 가는 세상이고 그만큼 인공 지능이 나와서 과학이 이렇게 많이 발달했어도 전 세계적으로 이 치매는 아직 어떻게 발병이 되었는지 원인도 몰라요. 원인을 알아야 치료를 하지 않겠어요.

요즘 치매에 관한 책들이 많이 나옵니다.

서적들과 방송 또 특히 현대 의학 하시는 의사님들 수많이 유튜브를 찍어서 설명하고 계시지만 가슴이 뻥 뚫리는 듯한 시원한 해답이 없습니다.

왜냐 현대 의학은 내 육체만 자꾸 고치려고, 치료하려고 하니까 더는 진도를 못 나가지요. 특히나 이 대체의학은 무슨 음식을 먹어라, 운동해라, 분명히 호전되는 거는 사실입니다만 정확하지가 않습니다.

전 세계적으로 치매가 어디에서 왔는지도 모르는데 어떻게 치료를 하겠습니까. 제가 여기서 결론부터 말씀을 드릴게요.

치매는 무슨 병이냐?

귀신 병입니다.

귀신 즉 내 두뇌에 귀신이 들어 있다. 그 말이지요.

귀신은 눈에 보이지 않습니다.

뇌에다 X-Ray를 찍든 MRI 찍든 아무리 찍어도 표시가 않나요.

그러니까 현대 의학에서는 이 물체가 나오는 뇌세포라든가, 신경이라던가, 자꾸 거기만 검사하고, 연구하니까, 진도를 못

나가는 것입니다.

귀신에 대해서 인정하지 않는 것이 문제죠.

미국이나 일본은 이 치매를 검사하기 위해서 즉 뇌도 하지만은 제4차원 학문 즉 뇌에 대해서, 이 영혼에 대해서, 귀신에 대해서, 엄청나게 많이 연구합니다.

저는 수행 생활을 약 30년 동안 하고 있습니다.

미국, 일본, 영국, 프랑스, 독일… 특히 동남아에서 이 토속신앙, 이것을 겸하면서 결론을 제가 지어 드리면 치매를 앞으로도 정복하려면… '치매와 파킨슨병은 귀신 병'이라고 봐야 합니다.

치매와 파킨슨병은 귀신 병이라는 걸 알았으니까.

치매와 파킨슨병을 치료하려면 이제 귀신을 알아야겠지요?

귀신이 어떤 귀신인가? 정말 귀신이 있는가? 눈에 안 보이지 않습니까? 이것만 알면 치매는 숙제가 풀리는 거예요.

저는 약 30년 동안 수많은 치매 환자를 저하고 인연이 되었다면 그분들 귀신을 잘 가게 하니까 다 좋아진 거예요. 그런데 귀신에 씌어서 뇌를 다 손상하고 연세가 들어서 살려달라고 하면은 참 힘들죠. 미리미리 젊었을 때 귀신에 씌지 않는다면 절대 치매가 오지 않습니다.

자, 우리 결론을 다시 말씀드리면… 저는 수행자로서 수많은 분을 제가 호전시켰습니다. 이 귀신을 잘 가게 해드리니 치매도 안 오고, 치매가 호전되고 그렇습니다. 그러면 오늘 여기서 숙제가 뭐냐 과연 귀신이 있는가. 어떤 귀신인가 이것만 알면 숙제가 다 풀린 거예요.

치매 예방하는 것을 설명해 드릴게요.

제가 약 30년 동안을 미국 일본 한국 특히 동남아를 만행하면서 귀신하고 대화하고, 치매 환자를 호전시켜 주면서 저도 공부를 해왔습니다. 제 이름으로 된 저서도 한 15권을 발행했습니다.

이 분야별로 우리 자녀들 서울대, 명문대, 수능 고득점 그런 『명품자녀 만들기』 책도 써 드렸고요.

지금은 재테크 시대 아닙니까?

주식이나, 선물 옵션을 하면 많은 분이 돈을 많이 법니다. 그 운이 뭘까? 많은 돈을 벌기 위해서는 이것도 귀신에 안 씌어야 합니다. 특히나 요즘 젊은이들이 마약을 많이 합니다. 결국 자살합니다. 특히 여자분들이 우울증에 걸려서 고생하는 걸 봤습니다. 이것도 결론은 귀신 병인데 이것을 아무리 설명해 줘도 못 알아듣는 게 안타깝습니다.

왜냐? 귀신에 씌어있으니까. 거듭 다시 말씀드리면 귀신만 알면 여러분 숙제가 다 풀리는 거예요.

제가 지금 그동안 해온 유튜브가 있습니다. 이 내용을 그때그때 책을 써가면서 유튜브에 다 올려 드렸어요. 그게 바로 '효학문연구소'입니다. 아니면 아름다운 새영별이 분야별로 다 있습니다.

다시 말씀을 드리지만, 치매는 귀신 병이다. 그것만 알고 있으면 치매는 예방할 수가 있습니다. 제가 30년 동안 전국을 만행하면서 실화라 경험담을 말씀드리고자 합니다. 귀신이 있는지 없는지? 하나하나 숙제를 풀어가 봅시다.

약 10년 정도 되었습니다.

전 세계적으로 저의 지인들이 많이 있습니다. 인연이 된 분들이 좋아지셔서 그래서 이제 그분들이 저를 초청합니다. 한번 다녀가시라고. 예, 인사도 할 겸 찾아갔습니다.

그곳이 어디인가 하면 울산광역시입니다.

그 울산광역시에 그 뭐 국장이었던 그 자녀가 행정고시에 붙고, 서울로 발령을 받고… 저에게 인사 좀 한다고 꼭 좀 오라고 해서 가게 되었습니다.

이 내용은 제가 유튜브에도 다 영상으로 찍어 놓았습니다.

울산광역시를 가면 그 당시에 지금은 많이 변했지만, 신간 건물이 있고 구간 건물이 있습니다. 구간 건물로 들어가서 엘

리베이터를 타는데 여러분들은 귀신들을 눈으로 볼 수가 없습니다.

저는 수행자이기 때문에 귀신을 볼 수가 있어요.

또 대화도 하고, 또 못 가신 귀신을 잘 가게도 해드리는 비법이 좀 있습니다. 그런데 보통 우리 귀신들은, 밤에 이동합니다. 낮에 이동하는 게 아니고요.

그때가 오후 3시 경이었는데, 아니 울산광역시 시청에 귀신들이 20명 30명이 줄지어 막 시청 안으로 들어가고 있었습니다. 제 학문으로 볼 때 저 시청 안에 저렇게 귀신이 많으면, 저 안에서 근무하는 사람들은 참 큰 피해를 볼 건데, 그리고 시청에 제일 높으신 분이 누구예요?

시장님이잖아. 이런 시장님은 앞으로 앞날이 좋지 않을 건데, 저도 모르게 귀신이 들어가니까, 어디로 가는가… 따라 들어갔습니다. 여러분 만화책 같지요? 아닙니다. 실화입니다. 이런 말 잘못하면 저 징역 갑니다. 고소당합니다. 그래서 실명을 공개하고, 시간을 공개하고, 날짜를 공개하는 겁니다.

실화가 아니면 큰일 나겠죠.

엘리베이터 타고 그 귀신들을 따라갔는데, 6층에서 탁 내리는 겁니다. 저도 따라 내렸어요. 귀신을 따라서 어디로 들어가 보니까, 팻말을 보니까, 수도과, 세무2과, 건축과, 이런 게 있잖아요.

그런데 귀신이 구간 6층에 본부장실로 막 들어가는 겁니다. 저도 뒤따라 들어갔습니다. 들어가니까, 누가 앉아있냐면, 한 30대 초반의 청원 경찰이 벌떡 일어나, "아이고, 선생님. 여기 들어오시면 안 됩니다." 하고 앞을 막는 거예요.

그 당시 제가 승복을 입고 다닐 때죠. 승복을 입고 만행을 할 때였지요. "스님, 여기 들어오시면 안 됩니다." "왜요?" "그랬더니 여기는 통제구역입니다." 그러는 거예요.

통제구역이라니, 그래서 잠깐만 제가 볼일 있어서 들어왔다고 하는 데도 막는 겁니다. 답답한 노릇이죠. 그분은 귀신을 볼 수가 없고, 저는 볼 수가 있잖아요. 그 말을 어떻게 해줍니까. 앞을 막는 걸 밀치며 귀신을 따라 들어가니까, 사무실이 아주 큰데 그 안에 딱 남자 한 명이 큰 걸상에 앉아있는 거예요. 아, 이게 뭐야. 이 큰 책상에 남자 한 명만 앉아있어요. 그러더니 뭔 일인가 싶어 나를 쳐다보는 거예요. 그래서 죄송하다며 옆을 떡 쳐다보니까, 뭐 북부소방서 중부소방 소이 상판이 있어요.

"동부소방서 여기가 뭐하는 곳이요?" 했더니 그 남자가 "여기 어떻게 들어오셨어요?" "제가 스님인데 이 전국을 만행하다가 제가 사무실 터를 좀 보려고 이렇게 들어왔습니다. 죄송합니다. 나가겠습니다." 했지요. 나중에 안 사실이지만, 그곳은 울산에서 소방을 다 관장하고 책임지는 소방 본부 본부실이었지요.

그가 "여기 함부로 들어오면 안 됩니다." 그러면서 "어디서 오셨어요?" 저한테 그래요. 제가 "전국을 만행하면서 이렇게 터를 보고 상담을 해드리고 있습니다." 했더니 "그렇습니까. 이왕 오신 김에 차라도 한잔하고 가시지요." 그러면서 자기소개를 하는 겁니다. 제가 자리에 앉자 본인이 박사라고 소개하는 겁니다. 계급이 높은 거 같았어요. 무궁화 한 개가 붙어 있었거든요. 경찰관 같으면 경무관인데, 저에게 하는 말이 자기는 울산에서 큰 공로도 세웠고, 또 박사학위도 받고, 그래서 이번에 승진이 되는 자리랍니다. "울산에서 서울로 무궁화 두 개 달고 청장으로 곧 발령이 내려올 건데, 스님 제가 되겠습니까?" 이제 본인 말로는 다 되어있는 겁니다. 그걸 제삼 저에게 물어보는 거예요.

그래서 제가 이렇게 자세히 얼굴을 보니까, 그 뒤에 귀신들이 의자 뒤에 쫙 앉아있었습니다. 저러면 귀신이 붙어서… 쉽게 말하면, 저렇게 어려움을 만들 건데, 모함할 건데… 그럼 좋은 말이 나오겠어요? 이 말이 무슨 말이냐, 우리 몸에는 육체와 영혼이 있습니다.

누가 돌아가시면, 이 영혼 정신이 빠져나가요. 그리고 육체는 영한 실로 가고, 영혼은 저 위로 가서 심판을 받습니다. 그런데 살아 있는 사람이 뇌 속에 정신이 있는데, 여기에 귀신이 달라붙어 버리면 힘을 못 쓰게 만들고, 귀신이 뇌로 들어와 정신이 혼탁해지면서 우울증, 치매 현상을 만드는 겁니다.

그래서 귀신이 붙으면 무서운 겁니다.

이 귀신들이 본부장실 뒤에 있는데 제가 좋은 말이 나오겠어요? 그런데 그분은 자기가 무궁화가 큰 거 하나니까 두 개 달고 청장으로 가는 날짜만 기다리고 있는 겁니다. 아무것도 모르고 재미 삼아 나한테 물어보는 겁니다.

"스님, 속 시원하게 이야기 좀 해주십시오. 제가 이번에는 청장으로 가겠죠?"

"제가 진짜 말씀드려도 되겠습니까."

"아, 그럼요. 진짜로 말씀하셔야지요"

그래도 제가 이 말을 다 못 하잖아요. 귀신이 있다, 없다, 같이 내가 귀신하고 들어왔다.

"우리 소방관님 이렇게 관상을 보니까, 운이 좀 막혔습니다. 이러다 보면, 청장으로 갈 수가 없고, 관재구설에 휩쓸려, 조사를 받아야 하고, 더 나쁘게 얘기하면, 구치소에 가야 하고, 심지어는 그 정복을 벗어야 합니다."

생각해 보세요.

여러분이 생판 모르는 사람이, 스님이라는 사람이 들어와서, 잠깐 사이에 봐달라 했더니, 자기의 미래를 봐주는데, 좋은 말을 해서 승진된다는 소리가 나올 줄 알았는데, 이상한 소리로, 징역을 가니, 옷을 벗니… 여러분 바꿔놓고 생각해 보세요.

기분이 좋겠습니까?

아 그랬더니, 차 한 잔 마시라 해놓고, 저보고 "왜 이런데 들어왔습니까. 이런 데 들어오면 제가 고소하면, 당신은 지금 경찰서 가서 조사받아야 합니다." 이런 식으로 나오는 겁니다.

누가 이 세상에 좋은 말을 해 줘도 알아듣겠습니까.

여러분 그렇지 않아요.

자기가 진짜로 말을 하라 해놓고….

"죄송합니다. 저는 물러가겠습니다. 다시는 오지 않겠습니다."

저는 그 자리를 벗어났지요.

저는 지리산에서 열심히 수행하고 있는데, 일주일이 지났어요.

지금 기억 속에, 내일 모래가 설날이었습니다. 전화가 왔어요. 전화 속의 목소리는 다급했습니다. 저를 문전박대했던 그 사람이었어요.

"죄송합니다. 죄송합니다. 꼭 와주십시오. 꼭 뵙고 싶습니다."

할 수 없이 제가 그곳을 다시 방문했습니다.

"왜요?" 그랬더니 "스님 죄송합니다. 어떻게 그 미래를 아십니까?" 자기는 박사를 하고, 울산에서 최고의 높은 자리에서,

실적을 쌓았다고 해서, 청장으로 승진될 거라고 알았단다. 그런데 좀 높은 자리에 있다 보니까, 이런 인사이동 때, 밑에 부하 직원들에게 양주도 좀 받고 또 여러 가지 혜택을 좀 받은 것 같았다. 그 내용을 비서가 국무총리 사정반에 투서했나 봅니다. 다시 말하자면 비서가 배반하고 투서를 한 것이지요. 승진발령 며칠 앞두고 사정반에서 갑자기 감사가 나와 압수 영장을 발부받아 서류를 압수해 간 것이지요.

"스님, 저는 어떻게 하면 되겠습니까?"

그는 곤혹감을 감추지 못했다.

"그래서 제가 관재구설이 있을 것이라고 미리 말씀을 드리지 않았습니까. 미리미리 예방하면 그런 일이 없었을 텐데 나를 문전박대하시고 제 말을 전혀 들으려고 하지를 않았습니까. 좀 있으면 우울증, 치매 증상까지 오게 될 것입니다."

조언을 해주면 말을 알아들어야 하는데, 이게 눈에 보이지 않는 귀신 이야기니까. 즉 다 일을 저질러 놓고, 치매에 걸려 놓고, 우울증에 걸려 놓고, 저를 좀 살려 주십시오, 할 때는 이미 늦은 것 아닙니까.

여러분 미리미리 치매도 오기 전에, 우울증 오기 전에, 미리미리 이 귀신만 알았다면, 귀신만 안 오게 했다면, 치매나 우울증이 안 왔을 것인데, 그것은 모르고 뇌가 손상되고 말이 떠듬

떠듬하면서, 기억력이 없어지고, 그다음에는 병원에 가서 뒤늦게 이렇게 말할 겁니다.

"의사 선생님 어떻게 하면 됩니까? X-RAY를 찍을까요? MRI를 찍을까요?"

여러분 유튜브 보십시오. 운동해라. 좋은 음식 먹어라. 내 마음으로 다 아는 걸 인정을 안 해요.

그렇지만 나는 분명히 말씀을 드리지만, 의사가 아닙니다.

저는 영적인 학문을 하는 수행자입니다. 수행자는 환자를 치료해 줄 수도 없습니다. 의사 사용권이 없으므로.

여러분이 이 책을 읽으면서, '귀신이 있나? 없나? 어떤 귀신인가?' 여러분들도 알 수 있도록 내가 과학적으로 증명을 해보여 드리겠습니다. 천천히 읽으시면 여러분 한평생 살아가면서 절대 치매에 걸리지 않는다고, 나는 자부합니다. 또 그리 해왔습니다.

나는 그 사람에게 말했습니다.

"그래서 치매에 걸리는 겁니다. 귀신이 붙어버린 겁니다. 그러다 보니까 먹은 게 다 걸려버렸어요. 쉽게 말하면 이제 이걸 좋게 해야 해요. 어떻게 해야 합니까? 거기 일단 귀신을 잘 가게 해줘야 합니다."

"스님, 살려 주십시오."

그 사람 그다음에는 뇌가 손상됐어요. 그게 돌아오나요? 호전은 되겠지. 그래서 옷을 벗고, 잘못을 빌고, 사표를 쓰고, 외국 유학을 나가면서 마무리했습니다. 징역은 안 갔죠.

징역 간다고 경찰이 잡으러 오는 것… 참 이런 걸 보면 마음이 아파요. 나는 영혼이 보이고, 그분은 영혼이 안 보이기 때문에, 내가 그 당시 10년 전부터 이 울산시는 시장부터 관재구설이 온다.

아마 제가 분쟁을 없애려고 될 수 있으면 실명을 논하지 않습니다.

이게 바로 문재인 정권 그 친구 시장 사건이죠. 아마 그 당시 일 겁입니다. 그분도 지금 관재구설 때문에 지금도 재판을 받고 있을 겁니다.

그래요. 저는 누가 잘했다, 잘못했다, 정치가 어땠다, 이런 말을 하지 않습니다. 여러분은 귀신이 안 보이죠? 저는 보입니다. 앞으로 여러분이 '이 귀신이 어떤 귀신일까? 정말 있을까? 나에게 있을까?'

이것만 여러분 아신다면 치매나 우울증은 예방할 수가 있습니다.

거꾸로 치매에 걸린 사람이 그 귀신만 잘 가게 해드리면 여러분이 느낄 겁니다.

치매 환자들은 다니는 병원이 있습니다.

여러분의 기억력을 여러분이 압니다.

여러분이 어디가 마비된 거 여러분이 압니다. 차차 호전됩니다.

치매에 걸리지 않으려면 집안이 바로 서야 합니다.

결론은 '치매는 귀신 병'이다.

일파 스님 두 번째 질문 올립니다.

일파 스님의 치매는 일명 귀신 병이라고 말씀하셨는데 그럼 귀신을 어떻게 제도하셨습니까? 또 미국의 의대 교수들까지 인정한 사례로서, 알츠하이머병이 심해져서 노인성 치매 병까지 앓고 계신 환자를 어떻게 호전시키셨는지, 자세히 좀 말씀해 주세요.

미국에서 난리가 났었어요.

미국이라면 현대 의학이 정말 발달해 있죠. 근데 아직 이 치매 병은 원인도 모릅니다. 그 좋은 병원에서 좋은 기구를 가지고 정복하려고 해도 안 돼요. 대통령을 하신 레이건 대통령도 치매 병으로 돌아가셨어요.

영국 여자 수상 이분도 치매로 돌아가시고, 심지어는 대통령을 지내신 우리나라의 대통령도 자살하고, 대기업의 회장도 그렇게 돈이 많고 의술이 발달하여도 치매, 자살, 우울증, 정복을 못 하고 있습니다.

의학이 아무리 발달해도 귀신은 눈에 안 보이거든요. X－ray, MRI 첨단 장비를 투입해도 보이지 않습니다. 그런데 저 같은 수행자들이 영을 접속하고 귀신하고 대화하고 귀신을 보낼 줄 아는데… 이게 과학적으로 증명이 안 되잖아요. 그러니까 잘 안 믿는 겁니다.

그래서 제가 말씀드렸죠.

치매는 귀신 병이다. 귀신만 잘 가게 해드리면 됩니다. 다시 예방하려면 귀신이 안 오게 하면 되죠.

상세하게 말씀을 드릴게요.

우리는 어느 사람이나 이 땅에 올 때 오고 싶어서 온 것도 아니고, 우리 아버지와 우리 어머니가 사랑해서 우리가 임신이 됩니다. 그 어머니 뱃속에 열 달 동안 있다가 이 땅에 태어나죠. 이 부모님이 덕으로, 음식도 먹고, 젖도 먹고 잘살아 보라고 교육을 받습니다.

초등학교, 중학교, 고등학교, 대학, 박사 그리고 우리가 성장이 되면 남자나 여자나 또 결혼하게 됩니다. 또 결혼생활 하다 보니까, 자식을 낳고 또 나의 자식이니까 우리 어머니 아버지가 해주신 것처럼 또 자식을 위해서 몰방합니다. 잘 가르쳐야지.

그리고 우리는 늙어갑니다.

그리고 어느 사람이나 이 육체는 영안실로 가고, 영혼은 심판받고 저세상으로 가는 게 순리입니다.

다 그렇게 하고 있잖아요. 틀립니까?

그런데 어느 사람은 잘살고, 누구는 못 살고, 한 발 더 나아가 어떤 분은 치매에 걸리고… 그러나 평생 치매 안 걸리고 돌아가시는 분들이 더 많잖아요.

그분들은 왜 그럴까요.

세계적인 의사, 한의사, 교수님들 과학자들도 연구를 많이 하는데 이것을 정복을 못 하는 거예요. 왜 눈에 안 보이는 귀신이 이야기니까.

저도 여러분들과 똑같이 우리 어머니 아버지가 사랑해서 이 땅에 태어났습니다. 그 덕택에 학교를 다니고 결혼을 하고 또 여기서 잘살아 보려고 열심히 노력했어요.

1994년도에 제가 중국에 건설 사업, 분양 사업, 실내장식 사업을 하기 위해서 중국이 개방될 때 제가 들어가게 됩니다. 참 운이 없었던지, 실력이 없었던지, 3년 만에 망했습니다. 어떻게 다 이야기를 하겠어요. 망하니까 노숙자도 되고 이 땅에 살 수도 없을 것 같고 부산 영도다리에서 뛰어내리게 됩니다.

이것을 제가 2000년도부터 책을 한 15권을 썼습니다.

제 제일 첫 번째 책 『다시 세상 속으로』에 이 내용이 다 있습니다. 제가 어떻게 공부를 했는지. 어떻게 참 대통령을 만들었는지. 우리 자녀들을 어떻게 서울대 명문대를 보냈는지. 아니 우울증 심지어는 이런 파킨슨병… 오늘 다루고 있는 이 치매, 이걸 하나로 다 설명을 하려니까, 너무나 힘들어요.

세상이 싫어서, 절망에 휩싸여 영도다리에서 뛰어내리고, 뛰어내렸을 때… 제가 천기를 받게 됩니다. 저세상으로 빨리 안 가야 할 사람이 영도다리를 뛰어내리다 보니까, 생각지도 못한 천신을 제가 받게 됐어요.

이 세상을 구하라.
영혼의 세계를 알려라.
효를 행하게 만들어라.

이렇게 인연이 된 게 제가 지리산 중산리에서 저의 스승이신 청송 선사님을 제가 뵙게 됩니다. 거기서 공부를 합니다. 이 내용은 책 『다시 세상 속으로』에 있어요. 참 눈물 없으면 들을 수 없는 내용을 다 적어 놓았습니다.

오늘은 치매 이야기니까 치매에 관해서 설명하겠습니다.

제가 이 공부를 한 게 지리산 중산리였습니다. 그 당시 1996년도 초 1995년도 말경이었어요. 그때는 핸드폰도 없고, 전화기도 없고, 산속에 인터넷도 없던 시절이었습니다. 그러니 저희 이런 교제는 이 신문이라든가 뉴스, 이것을 가지고, 그 영을 접속하게 됩니다.

제가 이 중점적으로 공부한 사람이 박근혜 전 대통령, 그 당시 대통령이 아니었습니다. 또 박정희 집안 고 육영수 여사님이 어떻게 총을 맞았을까. 이것을 영적으로 분석을 하는 거예요. 그 집안에 들어가서 '어떤 귀신이 있었을까? 무엇이 잘못되었을까? 이게 잘못되면 알려 드려야지' 하는 마음이었어요.

두 번째 '우리나라의 대기업 삼성전자의 이재용 부회장의 미래가 어떻게 될까? 삼성전자의 미래는 어떻게 될까?' 하는 공부. 그리고 세 번째로는 '미국 케네디 집안이 대대로 죽어 나오는 원인이 뭘까?' 하는 영혼 분석을 해왔습니다.

그런데 지리산 산속에 있는 사람을 미국에 대통령을 지내신 분이 만나겠어요? 제가 그렇다고 해서 영어도 잘하지 못하는 사람이고, 또 돈이 많나, 편지 쓸 돈도 없는 사람이 어떻게 이걸 헤쳐 나가겠어요?

이런 공부를 하면서 예언하고 알려드리고, 서울로 상경을 하게 됩니다. 제가 간단하게 말씀드릴게요. 1995년도부터 이 영적으로 귀신의 세계를 연구하고 터를 연구하고 효를 연구하고 가다 보니까, 박정희 집안의 박근혜 대통령이 되는데, 그 말로가 너무나 비참한 거야. 너무나 비참해. 무너져. 동생 박근영 그리고 또 동생 박지만이 있어요.

이렇게 자료를 가지고, 수집해서, 누가 알아주든 몰라주든, 이걸 알려드리려고, 육영 재단을 찾아가고… 요 내용은 저 자서전에 다 쓰여 있습니다.

그 사람 다음 삼성에 이건희 회장이 건강을 잃어버리고, 자식이 구속되고, 그 잘나가던 삼성재단이 공중분해까지 되니… 이거 참 눈에 안 보이는데, 말 잘못하면, 누가 고소한다면, 명예훼손죄로 징역이라도 갈 판인데… 이걸 어찌 말을 하겠습니까.

그러나 누가 알아주던, 몰라주던, 편지도 쓰고, 지인을 통해서 찾아가고… 그러나 저 바윗돌에 달걀 치기였습니다. 답변도 안 오고, 하나의 미친 사람이 되었죠.

여러분 그 당시에 삼성재단이 잘나갔죠. 박근혜 전 대통령이 당 대표로 당을 이끌고, 이러는 분에게 “앞으로 미래에 당신이 대통령이 되지만은 탄핵도 되고 구속됩니다.” 이렇게 말하면 얼마나 기분 나쁜 소리입니까?

제가 말씀드렸죠.

울산광역시 청장 나가실 분에게 그 뒤에 귀신이 앉아있으니까, 제가 말씀을 드린 거지, 그냥 이야기한 게 아닙니다. 그러니 좋은 소리가 나오겠어요. 듣고 싶으신 분은, 탄탄대로 청장이 되고, 참 높은 자리로 가고 싶지만, 당신은 징역 갑니다. 구속됩니다. 옷을 벗습니다. 그래야 구속을 면합니다.

똑같은 거야. 그때도 박근혜 전 대통령도 삼성재단의 이건희 회장도 찾아갔습니다. 완전 문전박대죠. 삼성빌딩에서 지금 생각하면 안 합니다. 참 맞기도 많이 맞았죠. 미친 소리 한다고.

1997년에 공부를 마치고 서울로 왔는데, IMF 터졌어요. 국민은 어렵고, 자살하는 사람은 늘어나고, 기업은 무너지고… 정말 힘든 나날이었지요.

우리가 귀신 세계만 알고, 영의 세계만 안다면, 치매에 안 걸리는데, 아니 영의 세계만 알고, 귀신 세계를 잘 안다면, 내가 망하지 않는데, 우리 자녀들이 공부를 참 잘하는데, 저 주식 하시는 분들 주식도 잘될 것이고… 그러나 이 이야기하기가, 전달하기가, 정말 힘들었습니다. 그래서 저는 그 당시부터 책을 쓰기 시작했어요.

그리고 철학관을 하면서 많은 분하고 인연이 됩니다.

"주식을 좀 잘되게 해주십시오."

찾아온 사람은 일반인이 아니고 대신경제연구소, 동원연구소, 여의도에 대한민국의 굴지의 연구소 사람들이었습니다. 오를 겁니다. 여기에 떨어지는 지점입니다. 제가 아는 범위 내에서 말했지요. 저는 주식을 잘은 몰라요. 하지만 찾아온 사람의 영혼의 세계를 본 거지요. 그래서 이 귀신만 없으면 당신은 잘될 거다. 결과적으로 귀신을 처리하고 잘 됐습니다. 그랬더니 저를 이용만 해요. 결국엔 찍어주는 사람밖에 안 됐어요.

우리 자식들이 공부도 잘하고, 건강하고, 수능도 잘 봐야 하고, 명문대도 가고, 석사 박사 따고, 유학도 가고… 훌륭한 사람이 되라고, 제가 『명품자녀 만들기』 책을 썼습니다. 이 책을 쓰고 나서, 카페를 운영하면서, 수백 명을 명문대에 보냈습니다. 판·검사도 나왔어요. 그 책은 바로 비법서입니다.

『명품자녀 만들기』란 책도 내가 유튜브에 올릴 테니 한번 보세요. 그러니 제가 좀 인기가 많았지요. 『주식 선물 옵션』 이런 책도 써주고, 대박 비법 참 안 해본 거 없이 다 알려드렸어요. 제가 원하는 것은 이 영혼의 세계, 귀신의 세계를 알리고, 과학적으로 증명해 드리고, 이것만 방지하면, 어느 사람이나 잘될 수 있다. 행복해질 수 있다. 치매가 오지 않는다. 설령 치매에 걸렸더라도, 이 귀신만 잘 가게 하면 호전이 된다. 그런 건데 참 정립하기가 힘들었어요.

특히 우리나라는 종교가 자유입니다. 종교가 자유이다 보니까, 기독교, 불교, 천주교, 무속인, 참 많죠, 그 종교에 딱 꽂혀 있다 할까. 자기네 종교밖에 몰라, 믿어주지 않아요.

심지어 내가 "너희 아버지가 귀신이다. 실험을 해봐라." 말한 적도 있어요(뒷장에 또 말씀을 드릴게요. 실험하는 방법을, 눈으로 확인하는 방법을요). 그러면 듣지도 않고 미신이라거나 심지어는 어떤 종교에서는 우상숭배라고도 해요. 돌아가신 내 아버지가 우상숭배다. 참 대화가 안 되는 대한민국이 되었습니다. 미국이나 일본은 대화가 잘되는데…

저는 혼자의 몸으로, 더 공부하기 위해서 전국을 만행하고, 자금이 생기면, 일본에 가서 또 만행을 하고, 중국, 베트남 캄보디아, 러시아에서도 만행했습니다. 제가 미국에 한번 가고 싶었었는데, 영어를 할 줄 알아야지요. 미국에 가서 존 케네디 집안을 좀 연구해서 '왜 이 집안은 이렇게 빨리빨리 죽어 나갈까? 그 이유가 뭘까? 어떤 귀신일까?' 밝히고 싶었습니다. 가난한 수행자라 참 힘들었습니다.

이렇게 생활을 해오다가, 제가 책을 여러 권 쓰고, 이런 게 좀 알려지기 시작이 됐죠. 자기 자녀들이 명문대도 가고, 중풍 환자가 뛰고, 암 환자가 살아나고, 주식에 투자하시는 분들이 돈을 많이 벌게 되고… 그러다 보니 입에서 입으로, 소문이 나고… 그 당시에 또 제가 책을 부지런히 내기 시작했습니다. 『다시 세상 속으로』, 『주식 선물 옵션 대박 비법』, 『대운을 잡으시오』, 『명품자녀 만들기』… 또 선거에 관여해서 대통령도 당선시켜 보고, 서울시장, 대학 총장, 국회의원들도 당선시키기도 했습니다. 그러나 결과는 그때뿐이었습니다.

모르는 사람들은 미신이다. 우상숭배다. 참 마음이 매우 아팠습니다. 이 효 학문을 세계 곳곳에 알리기 위해서 한국을 만행하기로 했습니다. 전 국토를 걸어서 귀신과 대화하고, 이야기하고, 또 못 가신 분을 잘 가시게 해드리고, 이러면서 8년여를 보냈습니다.

8년 전입니다.

제가 전라북도 익산에 있는 원광대학교를 딱 지나가는데, 거기가 왕궁면이었어요. 이곳을 차로 지나가는데 한 통의 카톡 전화를 받습니다. "여보세요?" 하니까 본인은 미국에 계시는… 실명을 밝힐까요? 홍성거 장로님이랍니다.

제 유튜브를 많이 봤고, 책을 다 읽어 봤는데, 또 하늘에서 저를 찾으라 그랬잖아요. 이러면서 미국으로 저를 초청하겠습니다, 그러는 거예요.

"스님, 예언 좀 해주십시오."

그 당시에 트럼프하고, 힐러리하고 경쟁할 때예요. 모든 여론 조사에서 힐러리가 앞선 걸로 나왔어요. 미국 대통령선거는 막바지에 접하고 있었고요. 그때 이분은 트럼프 지지자 같았어요. 그런데 모든 학자들, 정치가들, 예언자들은 힐러리가 이긴다고 그랬습니다.

그분 말씀이 미국으로 와서, 기도하면서, 좀 정확하게 말씀해 주세요, 그러는 거예요. 그래서 제가 8년 전에 미국에 초청을 받아가게 됩니다.

비행기 표도 무료고. 호텔도 무료고. 어쨌든 제가 이름이 좀 나다 보니까 그런 일도 벌어졌어요. 미국에 가서 만나보니 그분 첫마디가 "누가 이번에 미국 대통령이 되겠습니까?"라고 묻는 거예요.

그래서 기도를 하는데, 그냥 기도하는 게 아닙니다.

그냥 귀신하고 접속하는 게 아니에요. 뒷장에 또 말씀을 드리겠지만, 트럼프 사진, 힐러리 사진, 그럼 이름이 있잖아, 이름 이걸 가지고, 우선 제일 먼저 자기 집안에, 자기 집안 아버지, 할아버지 누가 잘 가셨나? 못 가셨나? 이걸 먼저 찾아내야 합니다. 잘 가신 분이 많아야 해요.

두 번째로 '트럼프 집안이나 힐러리 집안에 어떤 귀신들이 있는가? 누가 도와주는가?' 그걸 분석하고, 지금 지지자들의 수와 힘을 따져보고 영적으로 모든 걸 종합해 보니 트럼프가 당선된다고 나오는 겁니다. 그래서 "트럼프가 이번 대선에선 승자다!"라고 발표했지요. 그러니까 다들 깜짝 놀라는 겁니다. 아니 모두가 힐러리가 당선된다고 그랬잖아요.

저를 아시는 분은 잘 아시니까, 난리가 났죠. "정말 될까요. 아, 돼야 하는데…" 그러다 보니까 제가 접대를 많이도 잘 받았습니다. 그런데 생각했어요. 나는 대한민국 사람이니까 트럼프가 되든 힐러리가 되든 간에 대한민국에 어떤 영향을 미칠까 그게 중요한 거죠.

트럼프가 되니까, 대한민국이 좀 힘들어져요. 경제적으로 많은 규제가 있는 거 같은데, 어떤 규제일까? 그 당시 우리나라 대통령은 박근혜 전 대통령이죠. 참 잘나갔습니다. 그분 한복을 입고, 정상 회담하러 가고, 세상이 어떻게 돌아가는지도 모르고, 앞만 보고 뛰었죠. 자기 주위는 친박이라지만 누가 간첩인지, 누가 반역자인지, 알지도 못하면서 앞만 보고, 모든 벽을 닫고, 앞만 보고 나라를 위해서 열심히 일했습니다.

그래서 저는 이는 트럼프가 당선된다는 것을 가정해서 박근혜 전 대통령하고, 딱 붙여보니까… 그 당시 저는 알았어요. 미국에서 8년 전에 박근혜 전 대통령이 탄핵이 됩니다. 구속됩니다. 대한민국의 한 사람으로서 어떻게 해야 하겠습니까?

편지를 썼죠.

"대통령님, 1995년도부터 대통령님 집안에 큰일 났습니다. 당신이 대통령이 됩니다. 힘들어집니다."

그게 트럼프와 힐러리하고 대통령 경선할 때, 나는 그냥 본 게 아닙니다. 나를 위해서, 대한민국을 위해서 100통 이상을 등기를 붙이고… 그 우리 홍성거 장로님은 트럼프에게 트위터를 하고… 박근혜에게서도 답변이 안 와요.

우리 경제가 어떻게 될까?

삼성을 딱 접속하니까, 멀지 않아 이건희 회장이 돌아가셔, 아니 그 당시 삼성 부회장인 이재용 씨는 꽁꽁 묶여서 서울 구치소에 가는 게 보이는 거야. 이거 어떻게 해야 하나. 삼성이 공중분해 될 수도 있겠다 싶더라고요. 그럼 대한민국이 어떻게 된단 말이에요.

여러분 누가 들으면 저 구속될 수 있습니다. 명예훼손입니다.

그러나 나는 내 학문을 믿고, 내가 영을 접속하니까 사실인데… 똑같이 편지를 썼습니다. 제가 1995년 전부터 삼성을 예언해 왔지 않습니까!

"이건희 회장님, 당신 지금 병원에 계시지만 곧 돌아가십니다.

당신이 지금까지 한 걸 아들에게 물려줬는데, 이재용은 며칠 있으면 구속됩니다. 이거 막아야 합니다."

이런 내용이었어요.

편지를 참 많이 썼습니다. 그러나 미친 사람밖에 되지 않았어요. 연락이 오지 않았습니다. 그다음 우리 내수 경제가 어떨까 봤더니, 롯데 신동빈 회장이 또 구속되네. 미국에서야 또 편지를 썼죠. 그러나 한 통의 답장을 받아본 적이 없습니다. 아, 내가 할 일이 아니구나. 이거는 내가 할 일이 아니구나. 이렇게 철문의 장벽을 친 곳엔 내가 아무리 좋은 말을 해줘도 알아듣지 못하는구나. 그리고 저는 포기했습니다.

제가 트럼프가 대통령이 된다니까 미국에서 알게 되신 분들, 그 주위에 또 삼성하고 관련된 분도 있었어요. 그래서 자연스럽게 반도체 시장도 알게 되고요. 주로 제가 알고 있는 미국의 정치인들과 FBI 특히 대학의 교수들, 캘리포니아 얼바니 캠퍼스 있는 공대 학장, 거기 박사들, 이런 분들 한명 한명을 예언을 해주고, 건강을 검사해 주고… 왜? 그분들은 믿으니까.

그분들도 기독교입니다. 그러나 미국은 자기 일방적인 말만 하지 않아요. 다 들어줍니다. 실험을 해봅니다. 내 말이 맞거든. 머리가 맑아지고, 건강해지거든. 따라서 일이 술술 풀리거든요. 제가 예언을 해줬습니다. 미국은 그 당시에 이제 몇 년만 있으면 핵폭탄보다 더 큰 더 큰 재앙이 벌어질 것이다.

이게 뭘까? 그 예언이 뭐냐?

미국이 트럼프가 당선되면 반도체 시장을 제일 먼저 장악할 건데, 왜 외국으로 많이 빠져나가니까. 내가 그래서 그 연구를 하면서 반도체 유례, 애플서부터, 이 베일 연구소 제닌 바우, 참 이름 밝혀 볼까요? 우리나라 누구누구 박사 줄리아나 빈, 잔 노주스, 이런 사진을 다 놓고 제가 조언을 다 해줬습니다.

누가 첩자냐? 누가 첩자다! 그러니 그 FBI라든지, 그 교수들이 깜짝깜짝 놀래요. 어떻게 영어도 못 하시는 분이, 한국에서 오셔서 이걸 다 아느냐는 거죠. 그리고 모두가 건강해지고, 미래가 맞으니까. 단 우리나라만, 대통령에게 편지를 쓰고, 삼성에 이재용 회장한테 쓰고 해도 답변이 안 와요. 할 수 없는 거죠. 어떻겠습니까. 그래서 미국에서의 좋은 추억을 안고 한국에 돌아왔습니다.

한국을 한국에 돌아오니까, 박근혜 전 대통령은 탄핵이 돼서, 서울 구치소에 가고, 국민은 울고불고 데모하고, 피켓을 들고, 참 가관이었습니다. 삼성 이재용 회장도 구속이 되고, 롯데 신동빈 회장도…

삼성은 또 들어가서 나오게 되겠지만, 또 구속이냐, 그럼 삼성은 어떻게 된다는 게 공중분해까지 갈 수 있어요.

심지어는 이재용 부회장이 구속될 때, 편지를 써도 편지가 도착이 안 되는 것 같아 제가 쓴 자서전 중에 『다시 세상 속으로』 『우리 명품자녀 만들기』 『대운의 터』 이 세 권을 등기속달로 서울 구치소 보내줬습니다.

제 말을 좀 들으세요. 좀 만나고 싶습니다.

아마 이게 KBS MBC SBS 뉴스로 나가고, 지금 네이버에 치면, 일파 스님 있죠, 그 내용이 있을 겁니다. 그러나 아직 이 시간까지 연락을 받을 수가 없었어요. 인연이 아니구나. 저는 한국에 대해서 미련을 버렸습니다.

아무리 좋은 말을 많이 해주고, 아무리 증거를 보여주고, 실험을 해줘도, 자기만 생각만 하고, 자기주장만이 옳고, 남의 말을 믿어 주지 않는 겁니다. 내가 뭐 돈을 달라 그랬어요? 나를 어떻게 해 달라 그랬어요? 내가 오직 대한민국을 사랑하고, 대한민국을 위해서 말씀드린 건데, 그 시점에 저는 미국에 반도체 삼성에 대해서, 세계적으로 그 조언을 해주고 있었어요,

누구한테? 캘리포니아 얼바니 캠퍼스 대학 벨 연구소에, FBI에, 다들 건강해지고, 저 예언이 맞으니까, 얼마나 저하도 친하겠습니까!

친해질 수밖에 없죠. 언제 미국에 오시느냐고, 또 놀러오시라고, 그러면 그분들은 저에게 자문을 받으면서 참 고마워했어요. 감사의 표시도 하고. 형제보다 더 친했습니다. 미국에 이민

을 오라는 사람도 있었어요.

쎄이 교수라는 한국계 과학자가 사람이 있어요.

2019년도 10월경에 대한민국에서 연세대학교를 졸업하고 그곳에서 석사를 하고 박사학위를 받고 이 반도체 부분에 대가입니다. 그분의 스승인 쎄이 교수는 세계의 반도체를 주도하시고 제자들중에는 노벨상도 많이 받았습니다. 쎄이 교수는 약 10년 동안 혈액암으로 고생하셨어요. 그런데 미국에서 이분이 얼마나 유명했으면, 나라에서 살리라고, 캘리포니아 의대, 그 얼바니 캠퍼스 의대, 담당 교수 네 명이 치료를 전담했어요. 현대 과학을 다 동원한 거죠. 그렇게 10년을 끌어왔습니다.

수술도 하고, 항암제도 맞고, 거기에 치매까지 와서, 사방을 헤매는 거야. 그래서 미국에서 살려보겠다고, 그 제자들, 박사들 여러 명이 치료하는데 연구를 많이 했겠어요.

캘리포니아 의대 교수가 이제는 이제 치료를 포기해야겠습니다. 초상을 치릅시다. 할 수 없습니다. 그래서 10월에 초상 준비를 다 했데요. 그러면서 우리 한국계 제자 박사가 초상을 시키려고, 관을 주문하는 찰나에 제 생각이 떠올랐답니다.

자기네들이 이렇게 잘되고 건강해지는데 스승은 병마와 치매에 시달리고 있으니 얼마나 답답했겠어요. 그래서 지푸라기라도 잡는 심정으로 연락이 온 겁니다. 일파 스님한테 살려주지 않으려나, 아니 원이라도 풀어주지 않으려나, 아니면 천당으로 보내 주지 않으려나… 이런 심정으로요.

"우리 교수님 좀 살려주십시오."

자 제가 어떻게 살렸겠어요. 그 쎄이 교수는 미국에 있고, 저는 한국에 있습니다. 제가 메시지로 보냈던 말이 "교수 사진을 보내 주세요. 그리고 이름을 보내 주세요." 그러자 저한테 답장이 왔습니다.

카톡으로요. 그 당시 2019년도 저 9월 말 10월 초입니다.

저는 그것을 보고 우선 뇌에 귀신이 있다고 했어요. 의사들은 MRI 찍고, X-ray 찍고는 뇌가 손상됐다, 혈액에 암이 있다, 바이러스가 있다… 그들은 잘 모릅니다.

그것은 오직 귀신이 있느냐, 없느냐. 귀신만 잘 가게 해드리면 우선 호전이 되거든요. 그다음 좋은 약 쓰고, 좋은 주사 맞고, 좋은 약을 쓰고, 좋은 음식 먹고, 그렇게 병행하면 호전되는 거예요.

근데 귀신의 세계를 모르잖아요. 현대 의학에서는 인정도 하지 않지만, 미국하고 일본은 인정합니다.

그래서 저는 제일 먼저 사진을 보고 쎄이 교수 집안을 먼저 봅니다. 이게 참 중요한 부분이에요. 5대조까지, 즉 집안에 5

대조까지 본다는 것은, 내 뿌리가 잘 서 있느냐를 보는 거예요. 아, 그런데 집안이 아주 좋아요. 다 잘 가셨어. 그런데 몸이 쇠약해지니까 이 귀신이 달라붙은 거야. 이걸 원귀라 그래요.

귀신, 그러니까 여러분 간단히 얘기하면 누가 돌아가셨는데 저세상으로 못 가시고 구천을 떠도는 분을 귀신이라고 해요. 그 당시에 한 예닐곱 명 있었어요. 붙은 게 잘 가시게 천도한다, 그 말이죠.

불교에서는 천도한다고 그러죠. 영가가 잘 가시게 해드리면, 기운이 미국에 있는 그 환자한테 좋은 영향이 가는 거예요.

두 번째 그분이 어디에 하셨냐면 미국 캘리포니아 의대 병원에 계시다가 그 사택이 있어요. 사택에서 주무시고 계시더라고. 그래서 거실 사진과 주소를 보내달라 했어요. 보니까 귀신이 떠도는 거예요. 터에 머물면 그 터가 안 좋습니다. 귀신이 방해해요. 가위에 눌리거나 뇌가 아프다는 등의 증상으로 와요. 그래서 잘 가시도록 천도에 들어갔습니다. 그다음 제가 약을 주고 검사를 하고 주사를 줬어요. 그분 입장으로 보면 아무것도 해준 게 없는 거잖아요.

그러는 동안 의대에서도 쎄이 교수를 포기했다고 연락이 왔어요. 제가 천도를 했다고는 하나 큰 기대는 안 했겠지요. 그렇게 딱 한 달 지났습니다. 미국에서 제자로부터 연락이 왔어요.

"스님, 지금 난리가 났습니다. 쎄이 교수님께서 현대 의학에서도 포기하고 초상을 준비했는데 살아났습니다. 언제 그랬냐는 듯 제정신이 들어오고 치매가 없어지고 정신은 다시 과학을 할 수 있고… 지금 샌프란시스코로 세미나에 나가십니다. 이건 기적이에요, 기적!"

그는 어린아이처럼 흥분에 휩싸여 있었습니다.

아닙니다. 기적이 아닙니다.

여러분 저에게 아주 사소한 이야기예요.

여러분이 몰랐기 때문에, 비법이 없었기 때문입니다.

"스님, 미국으로 오십시오. 이것은 세계적으로 알려야 됩니다. 그리고 미국에 와서 다른 분들도 좀 맡아주십시오."

저에게 초청이 날라왔어요.

초청장, 고마웠지요. 저 역시도 쎄이 교수가 누군지 알고 싶었거든요. 사진만 봤지, 아무것도 모르잖아요. 대화도 좀 하고 싶었고, 당신은 어떤 병이냐. 지금 상태가 어떠냐. 당신의 병을 고친 것은 대한민국의 효 학문이다고 말해 주고 싶었거든요. 그랬더니 쎄이 교수 말이 '지금의 이 이야기를 해서 세계 전파하자'는 겁니다. 꼭 뵙고 싶다는 말도 잊지 않았고요.

2019년도 12월 초, 비행기 표와 호텔, 방송 출연까지 약속

받고 미국에 갔습니다. 자, 이렇게만 이야기하니까 또 잘못 이야기하면 또 사기가 될 수 있겠죠. 그 당시에 유튜브에 찍은 사진들이 다 있습니다.

여기다가 올려놓을 테니까 동영상을 여러분도 같이 보십시오.

저는 시간 날짜 장소까지 나옵니다. 이게 틀리면 사기꾼이 됩니다. 구속될 수 있어요. 고소를 당할 수 있어요. 그러기 때문에 한 치의 오차가 없습니다.

미국에 가서 들으니 의대 교수들이 한결같이 기적이라는 겁니다. 이럴 수가 없다는 겁니다. 다른 분들도 좀 해달라는 겁니다. 그러면서도 믿지 않는 게 과학자들입니다. 자기가 인정이 안 되면 믿지 않아 버리거든요. 그래 놓고 자기네들이 수술을 잘했고, 자기네들이 치료를 잘했고, 자기들의 모든 뜻을 자기에게 돌려버려 버립니다. 언제는 안 된다고 해놓고선… 초상 치를 준비를 하라던 그들이… 다만 나와 그 과학자 제자들, 그리고 쎄이 교수님은 껄껄 웃으며 말했죠.

"뭐 상대할 필요 없잖아요. 그냥 내버려 둬요. 저들끼리 찧고 까불게…"

방송국에 와서 인터뷰를 했어요.

제가 하나하나 설명했어요. 그때 찍은 동영상 있을 거예요. 그것도 붙여 드릴 테니까 꼭 한번 보세요. 지금 답변하고 있지

마는 참 나 역시도 웃음밖에 안 나옵니다. 내가 약을 드렸나 뭘 드렸어요? 알고 보니 쎄이 교수는 세계적인 교수라서 함부로 사진도 못 찍게 하는데, 제 손을 꼭 잡고 걷는 거였어요. 그리고 저에 마지막 이런 말씀을 하셨어요. 진심 어린 눈빛으로.

"스님, 감사합니다. 고맙습니다."

세계가 미국이 세계의 과학을 손아귀에 쥐고 있고, 연구하고 있지마는 영적인 학문은 따라갈 수가 없습니다. 이제는 세계는 어떤 분야든 간에 영적인 학문과 이 현대 의학과 현대의 기술과 하나가 되어서 개발해야 합니다. 이제 미국에서는 하고 있습니다. 이런 아파치 토속신앙과 무속인 쪽과 같이 과학과 연관이 돼서 해나가고 있고, 일본 역시도 지금도 하고 있습니다.

인공 지능만 발달하는 게 아니라 영적인 학문까지 융화가 돼야 한다고 생각하는 것이지요. 그래야 의술이라든가 각 분야에서 발전을 이룬다는 것이지요.

그런데 우리나라는 어떻게 되었는지 미신으로만 취급해 버리고, 주술로 이야기하고, 사기라 그러고 경험도 못 해본 자들이 그렇게 하찮은 취급을 하지요. 그래 놓고 자기주장만 내세우고… 답답합니다.

쎄이 교수가 한 말이 귓가에 맴돕니다.

"스님, 당신은 한국에 있으면 안 됩니다. 미국으로 오세요. 그래서 이 영적인 학문과 현대 의학과 하나가 돼서 세상에 획기적인 논문을 써봅시다. 꼭 그래야 합니다."

그러면서 논문의 작업은 빌게이츠 재단이 번역해서 올리게 하겠다고 약속했습니다. 후원도 받게 해주겠다고 말했고요. 연구실까지 만들어 주고… 얼마나 저에게는 행복한 일입니까. 정말로 감사하죠.

내가 1995년도부터 산에 들어가서 이 공부한 게 미국에서 인정을 받고 이렇게 인연으로 만나나 생각하니 눈물이 나더라고요.

"예, 오겠습니다. 저는 돌아오겠습니다."

모든 걸 도와준다니까. 그리고 이런 세계적인 박사가 저를 보조하고, 빌게이츠 재단에 논문을 써주고… 저는 너무나 행복했습니다. 약속을 했죠.

그리고 1월 6일경에 2차 건강 때문에 그 대학교를 방문했더니 쎄이 교수가 감사하다 했습니다.

"이렇게 하루하루가 좋아질 수가 있습니까. 고맙습니다. 죽는 그날까지 제 옆에 좀 있어 주십시오."

이런저런 이야기 끝에 저하고, 한 이야기가 있어요.

"스님, 혹시 코로나 아시나요?"

저는 미국에서 있었기 때문에 그 당시 코로나가 뭔지도 몰랐어요.

"코로나가 뭐예요?"

그랬더니, 자기 밑에서 공부하는 박사가 여덟 명이 있는데, 중국계 우한에서 온 학생이 있습니다. 근데 코로나가 지금 많이 시끄럽습니다. 앞으로 이 코로나가 어떻게 번질 것인지, 이걸 예언 좀 해주십시오. 저는 어떤 자료가 나와야만 그걸 분석합니다.

코로나요.

그리고 그 밤에 그 뉴스를 보고 코로나를 보니까… 이게 2, 3년 동안 완전 세상이 뒤집히는 겁니다. 이 캘리포니아 대학교 얼바니 캠퍼스가 크기가 얼마냐면, 대한민국의 강남구만 합니다. 거기에 사택이 있고, 각 학과 건물이 있고, 병원이 있고, 거기 버스가 다니고, 택시가 자가용이 다니고… 어마어마하게 큰데, 이게 눈에 보이는데, 다 그냥 '차단'인 거예요.

"교수님 큰일 났습니다. 차단입니다. 이게 번지면, 나도 이제 한국으로 못 가겠습니다. 그래서 1월 7, 8일에 제가 먼저 빠져나가겠습니다."

내 그걸 알고, 한국기 비행기를 탔습니다.

그리고 그 박사들하고 저를 도와준다고 모든 자료를 보내주고 한국에 돌아와서 사무실 만들고, 제가 영어를 좀 잘하지 못하니까, 우리나라의 영어를 잘하는 교수진과 미국 교수들과

한다면, 정말 앞날이 좀 탄탄했다고 할까. 이 학문이 또 세계 전파가 됐겠죠.

마침내 코로나가 왔고 그래서 우리 한국에 와서 간단히 설명하면, 숙명대학교 교수라는 분한테, 알고 보니 진짜 교수가 아니고 가짜 교수였죠. 저기에 삼성동에 사무실 하나 만들고, 신림동에 만들고, 서울대학교 앞에 연구실을 만들고 했습니다. 한마디로 가짜 교수는 정치가 이 씨의 오른팔이니 뭐니 하더니, 결국 깡그리 먹어버렸어요.

코로나는 왔고, 미국 연락이 안 되고, 어떻게 되겠어요. 참 많이 답답했습니다.

질문이 뭐예요. 과연 귀신이 어떻게 있느냐?,

이야기 다 안 했습니다. 지금도 미국에 아프신 분들, 치매에 예방하시는 분들은 입에서 입으로 알고 사진하고 이름하고 저에게 보내옵니다. 내가 해드린 딴 게 없어요. 한국에서 그 사진을 보고 그 집안의 5대조까지 잘 가시게 해드리는 겁니다. 귀신을 잘 가게 하니까 머리가 맑아지니 피로가 안 오죠.

거의 치매 환자들, 암 환자들, 돈 있는 분들은 자기 주치의가 있습니다. 자기 다니는 병원이 있어요. 그곳에 가세요. 거기에 기록이 있잖아요. 그렇죠?

지금까지 미국에서 있었던 제 사연을 이야기했습니다.

일파 스님 세 번째 질문을 드리겠습니다.

미국의 캘리포니아 대학교 쎄이 교수를 사진 한 장으로 한국에서 접속해서 귀신을 잘 보내드리고 치매를 이렇게 호전시켜드리신 일, 잘 이해했습니다. 일파 스님, 그러면 치매 환자들이 몸속에 있는 귀신이 보인다는 말씀이신가요? 그리고 일파 스님은 치매 환자들의 몸속에 귀신을 제도하신 그것을 과학적으로 좀 말씀을 해주실 수 있습니까?

정말 예리한 질문입니다.

어느 나라든 간에 토속신앙이 있습니다. 누가 돌아가시면 잘 가시라고 장례문화도 있고 나라마다 풍속이 있죠. 무엇인가 있으므로 그렇게 해왔습니다. 그리고 저만이 아니고 세계에는 여러 가지 종교가 있습니다. 기독교도 있고 불교, 천주교 또 각 토속신앙의 무속인들 있죠. 나라마다 거의 다 비슷하더군요.

그분들도 이 내용을 조금씩은 알고 있습니다. 그래서 불교에서는 누가 돌아가시면 천도재를 해드립니다. 잘 가시라고. 교회에서는 예수의 이름으로 천당 가시라고 기도합니다. 천주교에서는 누가 돌아가시면 영안실에 오셔서 연도를 해드리죠. 잘 가시라고. "깊은 구렁 속에서 부르짖사오니, 주여 내 소리를 들어주소서!" 하면서 천당 가셨다고 말씀하십니다.

그러고 우리 무속인들은 또 구합니다. 옆에 영가가 와 있다. 신이 와 있다. 음식을 대접하고 굿을 하고 춤을 추고 칼춤을 추고… 그러나 정말 잘 가셨는지 안 가셨는지 이게 눈에 보이지 않아요. 정말 잘 가시게 해드리면, 그 영혼이 좋은 영으로 바뀝니다. 모두가 잘 가셨다고 주장하는데 거짓말이라는 겁니다.

어떻게 저 말만 믿을 수가 있겠습니까?

수많은 수행자가 천도, 연도, 기도, 굿을 하는데 왜 효과가 안 나타날까요? 그러다 보니 현대 의학이 발달하고, 인공 지능이 나오고, 과학도 발달하다 보니까, 거짓말을 하도 많이 하니까, 무시를 당하는 겁니다.

미신이다, 사기다, 거짓말 안 하고, 정말 굿을 해서, 좋아졌다든가, 우리가 종교를 믿어서, 어떤 종교를 믿든 간에, 내가 치매가 안 오고, 건강해지고, 변화가 온다면, 이렇게 참 무시도 안 당할 것입니다. 수행자들이 거짓말 해놓은 겁니다.

제가 쎄이 교수를 미국에서 사진이 와서, 그 사진을 보고 5대조까지 그 조상님들이 잘 가셨나, 못 가셨나 이것을 봤다고 하지 않았습니까. 그다음 쎄이 교수에 귀신들이 얼마나 달라붙어 있는가? 이것을 보고, 쎄이 교수가 주무시는 집, 거실의 터에, 침대에, 귀신이 있는가를 봐서, 진짜로 5대 조상 천도를 해 드렸기 때문에 변화가 온 겁니다.

그런데 어떻게 저 말만 믿겠습니까?

여러분, 저도 똑같은 수행자인데, 지금 주제는 '치매는 귀신병'이다 그랬어요. 여기에서, 귀신이 어떤 분이 귀신인가? 이것만 이해하시면 숙제가 다 풀립니다. 그리고 귀신을 알게 되면 그 귀신들을 잘 가시게 해드려야 됩니다.

그렇게 되면 영계의 영혼의 속도는 빛 속도보다 빠릅니다. 눈으로 확인할 수가 있어요. 그러면 그 환자에게 좋은 기운이 들어가기 때문에 그 변화는 환자들이 아는 겁니다.

그 검사는 누가 해요?

본인이 다니는 병원에서 본인이 다니는 주치의에게 물어보면 X—ray 찍고, MRI 찍고, 본인이 변화를 느끼는 것 아니겠습니까. 안됐다는 게 뭐예요.

가짜로 비법 없는 자들이 기도하고 천도하고 굿을 하고… 그러나 누가 가짜인지 누가 진짜인지 요즘 세상에 모든 사람이 자기가 진짜라 그러지요. 자기가 최고라 그러지요.

어떤 목사는 이런 말을 해요.

예수님하고 자기가 동기 동창이라고. 예수님이 옆에 내려와 계시는데…. 그리고 뒤 장면을 보면 이런 젊은 미성년자를 간

음하고 참 정말 입에 담지 못할 짓을 하고… 다 그런 건 아니지만 우리 불교에서도 이 썩어빠진 이 수행자가 부처님하고 동기라고 하면서 부처님하고 자기가 밥을 같이 먹는다고 속이고 있습니다.

일반인들은 잘 모르기 때문에, 자기 종교를 믿었기 때문에 믿어왔습니다. 이름을 안 밝히겠습니다.

어느 수행자는 불교, 천주교가 자기 지점이랍니다. 자기가 천신을 받은 하나님이고. 거기에 또 일반인들은 그 사람을 따르는 분들이 참 많아요. 그리고 300만 원씩 주고 입적하고, 1억씩 줘가면서 천당표 예약하고, 목걸이를 차고 있고, 이게 대한민국의 현실입니다.

우리는 몰라서 속았어요.

이 영혼의 비법, 누가 귀신인가. 누가 잘 가셨나. 이거만 이해하면, 숙제가 다 풀리는데… 자 그러면, 여러분 오늘이 시간에 잠깐 여러분이 다니는 종교, 사상, 이념을 다 내려놓고 잠깐만 우리 생각을 해봅시다.

누구 말도 믿지 말고 여러분이 이해만 하신다면 치매 걸리지 않습니다. 어느 분이 귀신인가 알 수 있습니다. 단 여러분은 비법이 없는 것뿐이지요.

비법이, 그러면 어느 분이 잘 가셨나, 못 가셨나, 이거만 이해하시면 이 치매에 대해서 완전 정복이 되는 겁니다.

자, 누가 귀신일까요. 어떤 분이 나를, 이 내 뇌에 들와서 치매를 만들까요. 바로 귀신들이 만든다 이겁니다. 그랬잖아. 누가 귀신이냐 이거지, 간단한 거예요.

여러분 우리가 이 땅에 올 때 엄마의 뱃속에 열 달 동안 잉태해서 태어났습니다. 그리고 공부했습니다. 결혼했습니다. 자식을 낳았습니다. 그리고 우리도 저세상을 가기 위해서 나이가 들어갑니다. 우리 선배들 아니 친구들, 부모님이 돌아가셨어. 우리 어디로 갑니까.

여러분 기독교, 불교, 천주교를 믿고 계시지만 대부분이 영안실로 갑니다. 육체는 영안실로 들어가고, 영 정신이 영혼이 빠져 갔기 때문에 잘 가시라고 빌어드리는 겁니다.

왜 잘 가셔야 우리 후손들이 잘되기 때문에 그러나 눈에 보이지 않죠. 눈에 보이지 않지 않습니까. 그다음에 뭐예요, 매장도 해드리고. 요즘 땅이 부족해서, 납골도 해드리고 또 수목장도 하고, 강물에 뿌리기도 하고, 그거는 여러분이 선택할 수 있는 권리입니다. 그런데 그 영혼이 잘 가셨나, 못 가셨나, 이걸 모르시는 거야.

제가 30년 동안 전 세계를 만행하면서, 한국에서, 일본에서,

미국에서, 과학적으로 증명을 해드렸습니다. 왜 눈에 안 보이니까. 저는 눈에 보이기 때문에, 접속도 하고, 대화도 하고, 잘 가시기도 해드립니다. 그러나 저만의 이유 아닙니까.

여러분은 모르셨잖아요.

이거만 기억하시고, 이거만 아시면 여러분 치매 예방 끝입니다. 치매 걸리지 않습니다. 아니 치매만이 아닙니다. 후손들이 잘됩니다. 우리 모두 건강합니다, 여러분 자녀들 명문대 갑니다. 가정이 회복됩니다. 건강하게 살다가 갈 수가 있어요. 내가 잘돼야, 내 가정이 잘되고, 내 가정이 잘돼야 우리 대한민국이 잘되는 겁니다. 그렇지 않아요.

그러면 예를 들어 제가 말씀을 드릴게요.

누가 돌아가셨어. 영안실로 갑니다. 종교마다 연도, 기도, 천도, 해드립니다. 내 부모가 돌아가셨기 때문에, 그다음에 내가 매장을 해 드렸어, 화장을 해드렸어. 나의 부모님이, 잘 가셨나, 못 가셨나, 여러분 알 수 있습니까.

모르시죠? 이거 설명하려면 엄청 제가 깁니다. 제가 30년 동안, 유튜브를 하고 책을 써드리고 분야별로 바로 이것만 이해하시는 거예요. 부산에 가면 영락공원 있습니다. 영락공원은 시에서 운영하는 거죠. 거기에 돌아오시면 화장하고, 지금도 하고 있습니다. 그다음에 매장을 해드립니다.

아니, 우리나라에 서울에 동작동 현충원이 있고, 국립묘지 대전에 가면 유성의 현충원 있습니다. 우리나라를 위해서 돌아가시는 분들을 거기에 묻어 드리고 있습니다. 또 개인마다 다르고, 그런데 잘 가셨는지, 못 가셨는지…

몰라요?

아주 간단한 겁니다. 여러분이 수목장을 해드렸다고 생각해봐요. 그런데 내 부모가 정말 잘 갔을까? 저 박정희 대통령이 잘 갔을까? 전두환 대통령이 잘 갔을까? 내 친구가 잘 갔을까? 내 부모님이 잘 갔을까?

아시는 방법, 즉 잘 가시면 우리가 해드릴 게 없습니다. 여러분 만약에 잘 가시지 못하면, 그 영혼은 저세상으로 가시지 못하고, 이 지구상에서 머물러요. 떠돌아요. 일명 못 가시는 분을 귀신이라고 합니다.

못 가신 분. 그거는 종류가 많으므로 그 업에 따라 심판을 잘못 받아 못 가시는 겁니다. 이분들을 잘 가시게 해드려야죠. 그렇게 되면 영혼의 속도는 빛 속도보다 빠릅니다. 잘 가시면 좋은 기운으로 바뀌어 버려요.

여러분이 알 수가 있어요.

확인할 수가 있습니다. 예를 들어 하나 설명해 드릴게요. 내 아버지, 어머니가 돌아가셨는데, 매장을 해드리려고 초상을 치렸어요. 자, 매장을 해 드렸습니다. 그런데 묘가 볼록 튀어나와 있는데, 과연 우리 엄마가 잘 갔을까, 우리 아버지가 잘 갔을까?

간단히 알 수 있는 방법이 있어요. 술 한 병 들고 가세요.

묘 앞에서 한 잔 따라드려요. 안 따른 술이 있잖아요. 그리고 요걸 한 3분 이상 있다가 맛을 비교하세요. 맛을 비교하시면 돼요. 그러면 잘 가신 분은 이 안 따르는 술보다, 술이 물 같이 변해 버립니다. 영혼이 잡혔으니까. 여러분 신기하지 않나요? 그런데 실험도 안 해보고 미신이요, 가짜요 하지 말고 한번 해보세요.

이것이 당신 집안의 운명을 바꾸는 겁니다.

내 자식을 아무리 잘 키우려고, 서울대 보내 보려고, 행정고시 합격시켜 보려고, 뒷바라지를 잘해도, 내 아버지 어머니가 만약에 못 가셨다면, 그냥 찾아와서 자식들이 안 됩니다. 암이 와요. 치매가 와요. 만약 잘 가셨으면 어떤 변화가 오겠어요. 탄탄대로 됩니다. 도와줍니다. 머리가 맑아집니다.

근데 만약에 못 가셨으면 어떻게 되겠어요.

못 가셨으면, 술맛이 독해요. 써서 입을 못 댑니다. 특히 담배를 피우시는 분이 참 빠릅니다. 묘 앞에다가 담배 두 개비를 올려놓고, 하나는 올리지 말고, 2분 3분 있다가 같이 담배를 피

워보세요. 잘 가시는 분은요, 담배 맛이 그렇게 순하게 변해 버립니다.

만약에, 그 묘에 영가가 귀신이라면 어떻게 되겠습니까?

써서 빨지 못해요. 근데 우리가 귀신이 있는지 없는지도 모르고 이것을 다 설명을 못 하니까. 내 부모를 점검하십시오. 동영상을 찍어 놓은 것 있습니다. 내 유튜브에도 있죠? 여러분 이거만 이해하시면 돼. 내 조상님들이 다 잘 가셨다, 귀신이 없다면, 암 치매 걱정도 하지 마세요.

그런데 그걸 모르고 평생을 살아오다가, 나이가 들어서 암이 오고, 치매가 오고, 현대 의학이니 대체의학을 받아보려 미국으로 일본으로 다녀봐야, 결과적으로 힘들게 사시다가 가시는 거예요. 사실 치매 없는 분들이 대부분이잖아요.

저를 일본에서 초청했습니다.

세계 어느 나라나 장례문화는 똑같아요. 아프리카나 미국이나 러시아나 똑같습니다. 일본도 똑같아요. 같은 인간이니까. 일본도 장례문화가 있습니다. 그래서 제가요, 뒤에다 붙여 놓을게요. 오사카에서 제가 수행을 할 때, 내가 상담을 해드리고 귀신이 어떻다, 여러분들도 부추 단 있는데 실험을 해보세요. 여기 동영상이 있어요. 이걸로 참조합시다.

이것만 이해하시면 돼요, 미국은 기독교 나라입니다.

기독교 나라, 거기에도 누가 돌아가시면 또 장례문화가 있습니다. 그 넓은 땅에다가 매장합니다. 미국도 똑같습니다. 미국인들에게 실험한 게 있어요. 당신 아버지, 어머니도 해보세요. 내 강의 중에 찍은 걸 보여드릴게요. 어디에서 찍었느냐? 저 LA 오렌지 카운티 묘에서 찍어서 직접 실험을 해드렸습니다. 이것을 붙여 놓을게요.

유튜브에 '아름다운 새영별'을 검색하시면 관련 영상과 더 많은 강의를 보실 수 있습니다.

한국 https://www.youtube.com/watch?v=f1XdqNu57y0
일본 https://www.youtube.com/watch?v=uQsTrBFVvac&t=319s
미국 https://www.youtube.com/watch?v=7j2qi2y44bo

똑같습니다. 자 이해가 되나요?

과학적으로 설명을 해달라니까. 그러면 여기에서 내가 실험을 해보니까, 우리 아버지 어머니가 너무 잘 가셨어. 그러면 해드릴 게 없는 겁니다. 해드릴 게 뭐가 있어요. 잘 가셨으니 그런데 만약에 실험을 해보니까, 술맛이 독해, 못 가셨어. 이거 어떻게 해야 하겠어요. 내 아버지 어머니가 이렇게 못 가셨으면 잘 가시게 해드려야 되는 거 아니겠습니까. 분명히 잘 가시면 도와주실 것인데….

또 우리가 불교를 믿어요. 그럼 스님 천도재 좀 해주십시오. 우리 성당에 가면 신부님, 아버지 어머니가 이렇게 못 가셨는데 잘 가시게 좀 해주십시오. 또 우리가 무속 신앙에 있어서 굿을 합니다. 무당에게 찾아가지요. 그때 어떤 수행자도 본인이 최고라 합니다. 다 잘 가게 해드린답니다. 거기에는 분명 돈이 오가야 합니다. 공짜는 아닙니다. 개인에 따라 다르겠죠. 단체에 따라 다르고. 다 좋아요. 그러나 스님이나, 목사님이나, 신부님이나, 무당이나, 자기가 주관해서 그 영가를 극락으로 보내드렸어요. 천당으로 보내드렸어요. 끝났습니다. 여러분 요즘 세상 누구 말 믿습니까?

말만 떠들면 전화금융 사기야, 말만 떠들면 사기야. 바로 이 종교의 계통, 수행자의 계통도 그렇습니다. 다는 그렇지 않지마는 몇몇 사람들이 수많은 거짓말을 하고 있습니다. 우리는 모르니까.

자 이제 알았죠?

영혼의 속도는 빛보다 빠릅니다. 못 가신 분을 잘 가시게 하면 즉 영혼의 속도는 빛의 속도로 반응을 합니다. 잘 가셨으면 나쁜 영향이 바뀌어 좋은 영향으로 오겠지요.

누구 말도 믿지 말고 실험하셔야지요. 술 가지고 실험을 해보세요. 담배를 가지고 해보세요. 내용은 제가 거듭도 말씀드리지만, 한국, 일본, 미국 아니 다른 나라도 마찬가지예요. 똑같습니다. 그러면 술맛이 바뀌어 버립니다. 그게 바로 천당 가셨다는 거예요. 극락 가셨다는 거예요. 귀신이 저세상으로 잘 가셨다는 거예요. 그러면 끝나는 거예요. 여러분들이 한세상을 살아오면서 부모님에게 물어보세요. 우리 할머니 할아버지께서 무당집을 한 번도 안 간 사람이 어디 있습니까?

특히 우리 불교 믿는 분들, 절에 가서 천도재 안 한 분이 어디 있어요. 다 하셨어요. 나의 부모님 조상님이 우리 천주교에 가서 연도 드렸습니다. 개신교 기독교에서 기도 많이 했습니다. 그렇죠. 그러나 눈에 보였습니까? 안 보였잖아요. 그런데 특히 절에서는 천도재를 많이 하는데, 앞서 말한 방법으로 잘 가셨으면 뭐하러 천도재를 지냅니까? 잘 가셨는데 무슨 천도재를 합니까? 그렇잖아요.

그런데 왜 우리 절에서는 천도재를 백중에도 한 번 하고, 동지 때도 한 번 하고, 1년에 12번씩 해. 절대로 공짜로는 안 해줍니다. 여러분, 뭔가 돈이 오가야 해요. 심심하면 천도재, 천도재가 뭔데? 누가 돌아가시면, 못 가시는 분을 잘 가시게 해드리는 게 천도재입니다. 그럼 잘 가셨으면 평생에 한 번 하는 게 맞는 거 아닙니까. 저 말이 틀려요?

여러분이 어느 무속인 집에 가면 또 굿해라. 산신제 해라. 용왕제 해라. 매번 무슨 제를 지내라고 합니다. 돈도 없는데… 나는 사기다, 아니다. 이런 말은 못 합니다.

여러분이 깨우쳐야 해요. 그래서 제가 약 30년 동안 전 세계를 만행하면서, 주식을 해주고, 선거에서 당선되는 법을 알려 주고, 대통령을 만들어 주고, 우리 자녀들을 명문대 수능 고득점을 만들어 주고, 치매, 암, 파킨슨병 등 이 세상에서도 정복 못 한 이런 일을 해준 것입니다.

저는 다르게 해준 게 없습니다.

여러분 바로 진짜의 천도재, 이 비법을 이 세상에서 저밖에 없다는 겁니다. 어느 사람이라도 저와 내기할 자신 있으면, 나오신다면, 제가 이 책 뒤에다가 제 카톡 번호 전화번호를 올리겠습니다. 연락 주세요. 세계 어디라도 저는 아직 만나본 적이 없습니다. 그만큼 자신합니다.

그러니까 쎄이 교수도, 미국에서 저에게 사진이 오고, 그 집안에 사진을 보고, 영을 접속한 다음에, 그 5대조까지 영향을 받기 때문에 5대조의 영가를 다 천도하는 거예요. 두 번째 거기에 원기가 있나 없나 그것을 해주니까, 머리가 맑아지고, 피로가 안 오고, 혈액 순환이 잘되다 보니까, 몸이 좋아지니까, 병원에서 살아난 거죠.

좀 이해되시나요?

거듭 이야기하지만, 제 책 제목이 『세계적인 의사들도 인정한 치매 예방법』입니다. 저는 현대 의학도 모릅니다. 대체의학 말하고 싶지 않습니다. 오직 여러분이 치매에 걸리고 싶지 않다면, 내 정신에 귀신이 없어야 합니다.

이 귀신에 저는 접속할 줄 알고, 천당을 보낼 줄 알죠. 그것을 무엇으로 확인할까? 제가 웬만하면 아무 말도 믿지 말라 그랬어요. 왜? 세상에는 하도 거짓말하는 자가 많으니까. 실험하세요. 실험을 해보세요.

그래서 한국, 일본, 미국 직접 실험을 해보세요. 오늘 이 책을 보시고, 나의 부모님, 나의 형제, 아니 우리 국립묘지, 현충원, 대한민국의 공원묘지, 5·18묘지, 세월호… 많습니다. 가서 실험을 해보세요.

이것만 이해하신다면 여러분도 알아차릴 겁니다. '아, 귀신이 있기는 있구나! 이게 귀신이구나!' 내 뿌리가 잘 되어있으면 치매가 걸리지 않습니다.

만약에 이걸 모르고 치매가 걸렸다면, 그 사진을 보고 영가를 천도하고, 원기를 천도하고, 여러분 다니시는 병원에 잘 다니시고, 맛있는 음식 잡수고, 시간이 나면 운동 많이 하시고 그리고 곱게 늙어서 저세상으로 가는 겁니다. 잘 살아야, 착하게 살아야, 천당에 가는 거죠. 좀 이해되시죠?

일파 스님 4번째 질문 올리겠습니다.

일파 스님 이해를 잘했습니다.

결론적으로 말씀을 드리자면, 치매 걸린 사람을 어떻게 호전시켜 드릴 수가 있나요?

우리가 치매에 걸리지 않으려면 어떻게 건강을 관리해야 하는지, 구체적으로 좀 설명을 해주십시오.

사실 저는 1부에서 치매는 귀신 병이라 그랬어요.

그 뇌 속에 있는 보이지 않는 이 귀신만 잘 가게 해드리면 여러분은 변화하게 되어있습니다. 그러나 이 귀신들이 보이지 않기 때문에 원인을 몰랐죠. 제가 잘하는 건 아무것도 없습니다.

저는 수행자로서 영혼의 세계를 공부하면서 첫 번째 영을 접속할 줄 압니다. 누가 잘 가셨나. 못 가셨나. 여러분들은 모르시기 때문에, 안 보이기 때문에 제가 묘지라든가, 납골당이라든가, 수목장에서 실험하라고 알려드렸어요.

두 번째 그 영가들이 못 가셨다면 저는 접속을 하고 대화할 할 줄 압니다. 여러분들은 접속할 줄 모르지요. 그래서 그 못 가신 영가를 극락세계, 기독교에서 말하는 천당으로 제가 보내드립니다. 증명하는 방법은 보내드렸기 때문에 좋은 기운으로 바뀌고, 묘지나, 납골당이나, 제사상이나, 음식 맛이 바뀌는 거예요.

만약에 그 영가들이 못 가셨다면, 술맛이 바뀔 수가 없습니다. 제가 잘하는 것은 영혼을 접속한다. 두 번째 영가를 대하고 원인을 찾아 저 극락 천당으로 보내드리니까 좋아진다, 이 말입니다. 그러면 우리는 그걸 몰랐기 때문에 일생을 살면서 아프고, 기억력이 떨어지고, 치매 걸리는 겁니다. 그런 다음에 찾아와요. 그리고 살려 주십시오. 그땐 때가 실히 좀 늦은 감이 있습니다.

미리미리 예방한다는 게 뭐예요. 치매가 오기 전에 내 뿌리인 조상님을 잘 가시게 해놓으면 귀신들이 달라붙을 수가 없어요. 조상님들이 도와주기 때문이죠. 그래서 치매에 걸리지 않는다는 것은 내 집안을 바로 세워야 한다는 거예요.

그것만 하면 여러분, 치매 걱정하지 마세요.

걱정하실 필요가 없습니다. 그런데 대부분이 걸려서, 아파서, 저 미국의 쎄이 교수처럼, 아니면 중풍에 걸려서, 암의 시한부 인생으로, 똑같은 병입니다, 파킨슨병도 똑같은 병이고, 우리가 사업이 망한다.

자녀가 마약을 한다. 징역을 간다. 이게 똑같은 겁니다.

이거 집안이 바로 서지 못하니까, 귀신이 달라붙어서 자살했다. 집안 내력으로 생명이 짧다. 할아버지도 일찍 돌아가시고, 아버지도 일찍 돌아가시고, 그래서 우리 현대의 병원에 가시면, 암에 걸렸다, 치매에 걸렸다, 이런 분들이요, 당뇨가 있다, 가족력이라고 하죠. 조상이 치매가 있으면, 아버지 때에, 우리 때에, 이건 가족력입니다.

유전, 그것이 뭐냐. 이 뿌리에 잘못 서 있으니까, 자꾸 귀신이 오는 거야, 현대 의학에서는 가족력이라고 합니다. 근데 가족력이 어떻게 왔는지를 몰라. 그래서 치매에 걸리지 않기 위해서는 집안부터 바로 세워야 한다. 치매에 걸려 있어요. 저는 의사가 아니므로, 손도 잡을 수 없고, 약도 드릴 수 없고, 주사도 없고, 또 여러분들은 미국이나, 일본에, 영국에, 프랑스에 계십니다. 저 한국에 있어요.

어떻게 만나겠습니까.

치매는 걸렸으면 가족들이 얼굴 사진을 찍어주세요. 이름을 그다음에 본인이 사는 주소가 있습니다. 그의 거실 터요. 네 가지만 저희 카톡이나 전화번호로 보내시면, 제가 조상님들을 다 천도합니다.

그다음 원기를 천도합니다.

그럼 기운이 바뀌니까, 여러분은 오장 육부가 돌아가요. 환자니까. 자기가 다니는 미국이면 미국, 일본이면 일본, 자기가 다니는 병원 있잖아요. 거기에서 치료받으시고 검사하시면 됩니다.

바로 미국의 쎄이 교수하고 똑같습니다.

첫째 치매가 걸리지 말아야 하지요.

그러려면 집안부터 바로 세워야 합니다. 저희 비법 다른 거 없잖아요. 제가 잘하는 거. 제가 이 30년 동안 전 세계를 만행하면서 영혼과 접속하고, 대화하고, 바로 그 못 가신 분을 잘 가시게 하면 됩니다. 우리 자녀들을 서울대 명문대 하버드대학에 보내드리고, 주식, 선물 옵션, 이걸 예언해 드리고, 암 환자, 치매 환자, 국회의원, 참 분야별로… 그러나 다 똑같은 겁니다.

이해되시나요?

지금이라도 저희 학문이 이해가 된다면, 제가 도와드릴게요. 그러나 이렇게까지 설명을 해 드렸는데 이해를 못 하신다, 아니야, 하는 분은 그대로 사시면 됩니다. 예, 내가 아무리 설명해도 자기 의사가 맞는다는데 뭐라고 설명하겠어요.

대한민국에는 우파가 있고, 좌파가 있습니다.

아무리 우파에서 좌파 어떠니, 좌파에서 우파가 어떠니, 그래도 자기가 자기만 좋으면, 꽂혀버리면, 대화가 안 되는 겁니다. 이거 그렇게 사셔야 해. 알겠어요?

마지막으로 제가 이제 설명해 드릴게요.

그러면 어떤 사람들한테 치매가 많이 오느냐? 이거예요. 어떤 사람들, 다른 수십 가지 분야가 있지마는 이것만은 여러분 지켜야 합니다. 이것만은 우리가 어머니 배 속에서 태어나서, 성장하려고, 이성을 만나, 사랑하지요. 사랑에는 정신적인 사랑도 있었지만, 육체적인 사랑 서로 관계를 갖죠. 타의든 자의든 사연이 있어서 임신하게 되면, 나도 모르게 낙태를 또 자연 유산도 될 수 있습니다.

우리 생명체는 태양 생욕 대간 왕태 병사 묘절 태부터가 생명체입니다. 엄마 뱃속에 임신할 때부터 그다음 열 달 동안 인이 되는 거예요. 그러나 우리가 살다 보면 각자 자기 사연이 있잖아요. 임신이 돼서 아기를 못 낳을 수도 있어요.

산부인과에 가서 낙태를 했습니다.

이건 살인입니다. 육체는 떨어져 버리고 영이 떠버리면, 엄마 나 좀 도와줘. 나 추워. 여러분은 영혼의 세계를 모르기 때문에 듣지를 못하지만, 저에게는 그런 울부짖음이 너무나 많습니다. 이 영가들이 어디를 가겠어요.

바로 여러분에게 찾아오는 거예요. 그래서 우리나라는 유방

암, 자궁암, 암이 세계적으로 OECD 국가 중에 1위입니다. 머릿속으로 들어오면 그게 바로 원귀, 귀신이에요. 여러분이 저지른 영혼들의 울부짖음… 이게 치매입니다.

아시겠어요?

이 유산을 하신 분들 특히나 이거 해결하지 않고는 힘듭니다. 여러분 우리 산다는 거는 잠깐입니다. 죽어 봐야 그 뜻을 알 거예요. 지금은 죽기 전에 먼저 병이 옵니다.

암 1위입니다. 자살 1위입니다. 치매 1위입니다.

대한민국이 이렇게 잘살지만, OECD 국가들과 중에 유산과 낙태를 많이 해놓았기 때문에… 부유하게 '잘살'지만 바르게 '잘살'지는 않는다. 좀 이해되시나요? 그리고 우리가 살다 보면 나를 낳아주신 부모님이 먼저 저세상으로 가시죠.

그럼 우리는 어떻게 합니까?

그 부모님을 영안실로 모셔서 장례를 치러야 하죠. 장례를 치를 때, 영안실에 영정이 생기죠. 이때부터, 나의 부모님을 잘 가시게 해 드려야 됩니다. 우리는 그걸 모르고 상조회가 오고, 친구들이 오고, 조화가 많이 들어오고, 음식을 대접하고, 다 좋은 일입니다. 그러나 장례 절차는 잘 가시게 하는 것이 우선입니다.

잘 가셨는지 모르잖아요. 그다음에 매장해드리고, 화장해드리고, 그다음 납골을 해도 아무 소용이 없는 겁니다. 영혼이 떠가지고 찾아오게 돼요. 언제부터 표시가 되느냐 영안실에서 술로 해보세요. 술맛이 독하면, 영안실부터 잘 가시게 해드려야 됩니다.

여러분들이 종교가 다 다르죠?

기독교가 있고, 불교가 있고, 천주교가 있고 그러니 그 방식대로 안 할 수가 없잖아요. 주위에 지인들도 있을 것이고, 그렇게 하세요. 그건 절차에 불과하니까. 그러나 그 부모님을 잘 가시게 보내 드려야 합니다.

그런 분들은 여러분이 미국에 계시든, 일본에 계시든, 브라질에 계시든, 한국에 계시든… 영안실에 사진을 찍어주세요. 그리고 이름을 고 누구누구라고 저희 카톡(laka1234)으로 보내주세요.

강화도 아시죠?

인천광역시 강화도 마니산 토굴에서 남북통일 15년에 제가 예언을 했습니다. 남북통일이 될 것이다. 평화통일, 기도하는 곳입니다.

이곳에서 제가 극락 왕생시켜 드립니다.

일파 스님 5번째 질문 올리겠습니다.

일파 스님께서 영가들을 천당으로, 극락으로 보신다고 하셨는데, 그럼 기도하는 데 얼마나 드려야 합니까?

말씀 좀 해주시면 감사하겠습니다.

참, 또 돈 이야기가 나오네요.

제가 거듭 말씀드리지만 저는 영혼을 만날 수 있고, 대화할 수 있고, 또 극락 천당을 보내드리는 분을 이 세상에 저는 아직 못 봤습니다.

목사님이든, 신부님이든, 무속인이든, 저 말만 믿지 말고, 제가 실험해라. 그랬잖아요. 제가 천당, 극락을 보내 드립니다. 뭐로 증명할래. 끝났으면 실험하세요. 기운이 어디에 계시든 바뀌게 되어있습니다.

이게 안 바뀌면 그 영가가 잘 가신 분이 아닙니다. 이해되시나요?

제일 중요한 게 돈 부분이네. 이런 수행자가 지금 많이 뜨던데… 내 이름을 불러봐 하는 수행자도 있고, 자기가 또 뭐 불교가, 기독교가 자기 지점이 이러고 하는 수행자도 있고, 뭐 300만 원씩 내고 입장하는 분도 계시고, 목걸이 사는 데 1억씩 내고, 천당 보내준다 하고… 나는 누가 잘했다. 잘 보냈다. 이런 소리 못 합니다. 그렇게 사시라고 해요.

저희는 누가 돌아가셨다. 누구라도 대통령이든, 노숙자들, 자 장례를 치러드립니다. 여러분이 납골하시든, 매장하시든, 여러분 자유입니다.

그때 극락 신청을 하십시오,

고인의 사진, 이름을 저 카톡으로 보내주시면, 3일 안에 천당을 보내드리겠습니다. 금액은 세계적으로 US 달러 1,000불 들어가죠. 그거는 들어갑니다. 음식값과 수공이라든가, 제 제자들도. 또 교통비라든지, 한국 돈으로 약 150만 원 들어갑니다. 그거는 보시해야 하지 않겠어요.

오늘의 주제는 '치매 병은 귀신'이다.

귀신만 없으면 치매가 걸리지 않는다. 치매를 호전시키려면 귀신을 천도해야 한다. 천도 방법이, 귀신이 눈에 보이지 않으니까, 실험하는 방법을 알려드렸습니다. 제가 30년 동안 전국을 만행하면서 제 살아온, 이런 내용을 또 알려드렸습니다. 이것을 여러분이 믿으시면 실천하시고 만약에 이것도 이해가 안 된다면 그렇게 사시면 됩니다.

제가 이것만 했겠습니까.

여러분, 저 노무현 대통령부터 서울시장, 국회의원들 지자체 의원들, 대학 총장을 다 당선시켰습니다. 분야별로 다르죠. 자녀들은 서울대, 명문대, 내가 보내고 합격시키고, 이 책 속에 어떻게 다 쓰겠습니까. 심지어는 최영 장군도 제가 천도를 해드렸고, 극락으로 보내드렸습니다. 성웅 이순신 장군, 제가 극락왕생을 시켜 드렸습니다. 현대그룹 고 정주영 회장님, 삼성그룹의 고 이병철 회장님도 다 영계에서 만났습니다.

설명을 어떻게 여기에다 다 할 수 있겠어요.

이런 것도 그전에 유튜브로도 영상을 올려드렸고, 15권 이상의 책도 출간했습니다. 제가 어떻게 살아왔는지 제 목숨을 내놓고 저는 진실을 밝히는 겁니다.

여러분 내가 잘살고 싶다. 우리 자녀를 잘 키우고 싶다. 그러면 내가 병이 안 와야 합니다. 내가 치매가 안 와야 합니다. 내 집안부터 바로 세워야 합니다.

그게 결론입니다.

더욱더 중요한 것은 내가 유산과 낙태를 했다면 반성을 하고 영가를 잘 보내드려야 됩니다. 그래야 여러분들은 치매, 암 걱정하지 않습니다. 아무쪼록 건강하시고 행복하세요.

영혼의 눈이 먼 사람들

■ 영혼의 눈이 먼 사람들

—영계의 비밀을 알아야 현세의 비밀을 안다

사람들은 아직 가보지 못해 앎이 없는 영계에의 길을 닦기 위해 기도는 하면서도 정작 자기의 집 뿌리요, 기둥이며, 길인 조상은 나 몰라라 한다. 그 모두가 현세와 영계, 자기와 조상의 관계를 망각함에서 빚어진 일이며, 병이고, 슬픔임을 모른다. 애석하다.

내 영혼을 등불로

-일파 합장

오늘은 어제의 집착
내일을 오늘로 소유
오늘에 갇힌 사람들

쳇바퀴 지상의 어둠
허무히 가는 영혼들

현세는 구천의 거울
죽음은 생에의 관념
대물림하는 사람들

미혹한 마음의 길을
외로이 헤매는 영혼
그들을 위해

내 영혼 환히 밝힌
지상의 등불

■ 현세의 비밀을 알기 위한 여행

푸른빛 여명이 토굴 안으로 나비 떼처럼 쏟아져 들어온다. 바람이 이끌고 들어오는 눈발인 줄 알았다. 차디찬 냉기를 감내하며 기도하는 동안 밤이 가고 아침이 찬란한 빛으로 산란하기 시작한다.

■ 산 자들의 세계는 아름답다

저쪽 죽은 자들의 세계에서 돌아올 때마다 산 자들에게 말해주고 싶은 뜨거움이다. 그러나 냉기의 뱀처럼 온몸을 휘감아 죄는 바람을 털고 몸을 일으키듯 마음 또한 서걱이는 모래를 털어내듯 하지 않을 수 없다. 말로는 전달할 수 없는 세계.

마치 눈빛만으로 말하며 나 혼자 웃고 쓸쓸해지는 상황에 처했을 때와도 같은 단절. 고독의 평안을 찾아 끊임없이 방황하는 바늘 다발의 고슴도치와도 같이 홀로 먼 길을 걸어왔다. 말로 가능한 세계와 말로는 설명 불가한 불립문자(不立文字)의 세계. 두세 계를 드나드는 동안 깨달음은 선(善)의 실천이요, 마음은 모든 존재에 대한 연민이고, 각오에의 아픔은 스승님과의 약속을 지키기 위한 다짐이다.

그리고 이어지는 회한. 토굴을 나서 하얀 산의 눈에 발자국을 내려놓을 때마다 내 안에서 무게를 지탱하는 안간힘과 숲속 적설(積雪)의 무게를 이기지 못해 부러지는 나뭇가지 소리가 아프다. 아직도 가야 할 멀리 있는 길 앞에 주저앉고 싶다. 누가 나에게 말을 걸어온다. 눈보라로 달려오는 바람. 혹은 계곡의 얼음장 아 쾌 물소리. 하얗게 눈옷을 입은 나무들, 날아오르는 새, 걸음을 멈추어 뒤돌아 본다.

돌아보면, 지나온 세월의 모든 일은 꽃의 화려한 만개였으며 또한 쓸쓸한 낙화였다. 세상에 피였다 지는 꽃잎들은 흙으로 돌아가지만, 향기는 어디로 가는가? 사람의 몸은 흙으로 돌아가고 영혼은 어디로 가는가?

■ 정녕 나는 어디로 가는가?

이 바쁜 세상에 할 일 없는 백수의 허튼 푸념 같고, 죽음을 앞둔 사람의 절박한 시간 앞에 중얼거리는 회한 같기도 한, 이 의문에서 출발한 인간으로 부처는 깨달음의 경지에 들어 해탈하였으며, 예수는 그 비밀을 알리기 위해 천상에서 지상으로 내려왔다.

그러나 그 이후, 그 아무도 그 비밀의 세계를 넘나들고 확인시켜 주는 인간은 없다는 데 모든 사람, 모든 종교, 모든 학문은 단 지 유추로서의 불확실성에 머물러 있다는 비판을 면하기 어렵다.

■ 사람들은 앞으로도 단순 지식의 수준에 머물러 있을 것인가?

문자(奴字)의 세계 너머, 문자로 말하기 어려운 세계 있음을, 모르는 체 혹 문자로서 그 너머를 의심한 자체만을 진리라 정의

하고 있지는 않은가. 단지 문자에만 매달려 있지는 않은가. 그 너머의 세계를 단지 허구로 결론짓고 정신질환적 환영(환상) 표현상에 있어서의 판타지, 상상으로서의 가상세계로만 터부 함으로 선불리 불립문자(不立文字)라는 말로 못 받는 우(愚)를 범하고 있지는 않은가. 무의식적으로 사용하는 언어에 내재되어 있는 또 하나의 다른 세계,현상계에 대한 예언임을 자각해본 적은 없는가.

그렇다. 도(道)는 먼 곳에 있지 않고 가까운 곳에 있듯이, 그 세계 역시 다른 곳에 있지 않다. 비과학적이라고 터부 하여 부정하는 일들(빙의, 퇴마, 최면들과 같은)이 현재 우리 생활에서 일상화된 현상으로 받아들여진 귀신들의 세계에 대한 혼란이야말로 하루빨리 해명, 해결되어야 할 일이다.

그것은 곧 가짜와 진짜의 문제인 동시에 행복과 불행의 문제이며, 성공과 실패의 문제이고, 정당함과 사기(詐欺)의 문제이다. 그것은 마치 논문에 수많은 주석 달기의 방편과 깨달음의 경지에 든 고승의 주석 달기 배제로서의 오직 한마디 '할!'의 차이만 큼이나 어렵고 쉬우며, 쉬우면서도 어려운 문제이다. 그런 까닭에, 지금, 우리는 귀신과 함께 산다.

■ 홀림

그러한 혼탁함 속에서 이 현세의 사람들은 마치 안개 속에서 화려히 피었다 쓸쓸히 지는 꽃들과 다르지 않다. 돌아보건대, 그 길 위에서 만난 정·재계(政財界)의 인사들이 그러했으며, 종교계에서의 문제들이 그러하였고, 일상의 생활을 함께하는 연예계의 스타들과 무속인(巫俗人)들이 그러하였다.

나를 찾아오는 일반 사람들이 그러하였다. 현세에서의 성공과 실패, 부(富)와 가난, 건강과 병(病), 천재지변(天災地變), 삶과 죽음에 있어서의 행복과 불행의 모든 문제에 대한 원인과 그에 숨은 비밀에 대해서 알고 싶은가. 허황되지 만은 않을 것이라는 예지력(豫知力)과 감응력(感應力)을 가진 사람이라면 이미 문제의 절반을 해명, 해결한 것이다. 나는 이 세상, 현세의 사람들에게 말하고 싶다.

■ 현세의 비밀을 알기 위한 여행, 저 세계로 함께 떠나보지 않겠느냐고

애석하다.

이제 내게서 끝나는 것인가. 몹쓸 마침표 한 점, 나라는 생각을 하게 될 때마다 스승님께 죄송함에 울음으로 가슴을 뜯게 된다. 속된 시간에 머물러 미망으로 매달린 이슬 같음이여, 시간은 아침을 넘어 낮으로 들어서고 계절은 겨울을 넘어 봄을 꿈꾸며 다가서는데, 사람들은 무거운 잠에 눌려 깰 줄을 모른다. 토굴을 찾아오는 눈발과도 같은 사람들은 슬픔과 아픔의 한(恨)이요, 부나비 같은 눈발을 쓸어대는 바람의 빗질이요, 이승을 포기하고 저승의 구천으로 떨어지려는 밤의 가여운 등불이다. 가족을 위해 자기를 다 태운 아비이거나 어미이거나 꺼지기 직전 찾아와 마침표를 찍듯 운다. 등불도 울고 나도 운다. 이 모진 이승의 삶을, 등불은 애석 타 울고 나는 그런 등불이 애석해 운다.

"사업은 부도나고 아내하고는 이혼하고 자식들은 뿔뿔이 흩어지고… 중풍에 당뇨에 담석까지… 그나마 있던 집까지 처분하고 나앉게 되었습니다. 절벽에 매달리는 심정으로 일파 스님 찾아뵙고…"

"암이라는 진단을 받아 죽음은 면하고 어떻게든 살아볼 희망으로 이렇게…"

"이 가난이 지긋지긋해서…"

"돈, 명예. 그거 다 부질없음을… 지금까지 잘 못 살아온 것 같고, 앞으로 어떻게 살아야 할지 깨달음 여쭈고자 이렇게 실례를 무릅쓰고 찾아뵈었습니다."

"요사이 부쩍 꿈에 부모님이 자주 찾아오시고, 그런 직후부터 되는 일이 없고, 멀쩡하던 자식 놈이 아프기 시작하더니 날벼락이 따로 없지 싶게 사경을 헤매고 있습니다. 어찌해야 할지 몰라…"

"자식 명문대에 입학하게 하여 주신다는 말을 듣고…"

"이번 선거에 출마합니다. 이번에는 꼭 당선되어야 하기에…"

등불들의 모진 바람에 나는 부나비처럼 고뇌와 슬픔으로 탄다.

바람 앞에 등불로 부산 영도다리 난간을 타넘어 강물로 뛰어든 내가 이들 등불이 되어 찾아와 지금 내 앞에서 울고 있지 않은가. 서러움의 세월 예리한 결들이 내 가슴을 긋고 절개해 지난날의 나를 꺼내고, 물에서 건져낸 싸늘한 죽음을 회생시켜 놓은 이승의 모진 인연과 목숨, 전생에 무슨 연기 있었기에, 형

사는 나를 아들이나 동생 대하듯 다독여 여관에 들이고 옷과 돈을 마련해 주며 죽지 말고 살라 한다.

그리고 지리산에 한 도인(道人) 계시니 찾아뵙고 공부해보라고 한다. 이승에서의 모든 행과 불행의 원인을 알게 될 것이며, 알게 되면 죽으려는 어리석음을 버리게 될 것이라 말한다. 그 도인, 퍽 용타 한다. 이 속세에선 찾아보기 힘든 진짜 도인이란다. 그런 도인이라면 속세에서 불쌍한 인간들을 구제하지, 뭣 때문에, 왜 그리 깊은 산속에 처박혀 계시나? 자칭 타칭 도인이라는 것들치고 사기꾼 아닌 놈 없더라. 그동안 인간들한테 속고, 배신당해 이렇게 된 것도 억울하고 원통한데 또 속으란 거냐?

이젠 인간들이라면 진절머리난다.

이 좁은 땅 한국에서 돈 버느라 그랬고, 저 넓은 중국 땅을 누비고 다니며 건설업을 하면서도 그랬다. 사기꾼에 배신자에, 도둑놈에, 결국 잃어버린 수백억보다 나 하나 깨끗했던 마음 병들고 죽은 게 더 억울해 목숨줄 놓기로 한 걸, 당신이 알고서 말하는 거냐? 도인은 무슨, 원인은 무슨, 얼어 죽을 개소리냐.

갈 곳이 없어서, 순전히 그래서, 그리고 그 무슨 비법인가를 배우면 돈 벌어 다시 일어서게 될지 모른다는 계산으로 지리산 도인을 찾아갔다. 가서 보니, 깊은 산속에 다 쓰러져가는 초라한 초막 하나만 달랑. 아이고, 그럼 그렇지. 그 용하다는 도인께서 어쩌다 이런 데서 사시고 계시나? 그리 뛰어난 도력과 비법을 가진 도인이시다면 성(城)은 아니래도 번듯한 집에서 살아야지, 젠장, 또 속았다.

마당을 싸리 빗자루로 쓸고 있는 초라한 행색의 노인, 세수는 한 건지 안 한 건지 의심스럽게 낯빛마저 초라한데 수염이라니, 헉, 기가 차다.

"누구신데 여기까지 올라오셨소?

부리부리한 눈으로 나를 보며 묻고는 대답도 하기 전인데 등을 돌려버린다. 이래저래 하여 여기까지 왔노라 설명하자 나를 향해 날아오는 도인의 눈빛이 예사롭지 않다.

'내려가시게나."

단지 그 말 한마디뿐. 나는 화가 치밀었다. 꼴에 도인이라고, 자기는 제자를 들이지도 키우지도 않는단다. 오기가 나를 집안으로 떠다민다. 에라, 모르겠다. 갈 곳 없으니 죽어도 여기에서 죽자. 옹색한 방 안으로 들어가 벌렁 드러누운 나는 냅다 잠을 끌어당겨 덮고는 나 몰라라 해버렸다.

"아직 안 내려간 게야? 그래도 소용없어. 난 가르쳐 줄 게 없으니."

산으로 들어가 풀인지 잡초인지 약초인지만 한 아름 뜯어 들고 내려온 도인이 말했다. 그러고는 나란 존재는 없다는 듯 무시하고 자기 일만 했다. 더욱더 오기가 발동해 뱀처럼 나를 휘감았다. 어차피 이리된 거, 마음대로 하세요. 누가 이기나 봅시다.

"저… 그런데 밥은 안 먹습니까?

내 말에 도인, 한심한 놈 다 보겠다는 듯 웃기만 했다.

밥도 안 먹고, 초라한 오막살이에, 도는 터득해 뭐할 거냐. 이게 사람 사는 거냐. 실망한 나는 갈 곳 없어 빈둥빈둥, 도인은 그러거나 말거나 혼자 산을 오르락내리락할 뿐으로 하루하루 또 하루가 허무히 갔다.

그러던 어느 날, 저 아래 속세에서 귀부인이 산으로 올라와 도인을 찾았다. 둘이 무슨 수작인지 알듯 모를듯한 말을 주고받더니 귀부인이 보자기에 싼 돈뭉치를 도인 앞으로 밀어놓았다. 엥? 어찌된 일인가? 이 무슨 희귀한 기적인가? 나는 집을 나선 귀부인 뒤를 쫓았다.

"저 도인이라는 영감이 정말 도인이긴 한 겁니까?

내 버릇없는 물음에 귀부인은 기가 찬 듯 입을 떼지 않다가 불쌍한 인간에게 적선한다는 투로 말했다.

"아니, 도인 분과 같이 살면서 그걸 몰라요? 대단한 도력을 가지신 도인이시라는 걸? 저 도인 만나기가 쉽지 않고, 너나 나나? 돈 많고 권력 있고, 잘났다 하는 사람들이 돈 들고 찾아오는 이유가 뭐겠어요?"

으잉? 그렇게 도력이 크단 말인가?

"그런데 그 많은 돈은 다 어디에 쓰기에 사는 게 이 모양입니까?"

내 말에 귀부인, 한심하다는 듯 응시만 하다 한마디 던지고는 돌아서서 산을 내려가 버렸다.

"불쌍한 사람들을 위해서 쓰신다잖아요."

으잉? 저 거지 꼬락서니 도인이?

도인에 대해 알게 되자, 자기하고 나보다 더 불쌍한 사람이 어딨다고? 하는 심술만 꼬였다. 배우자, 배워서 남 주냐, 돈 벌지. 도인이 무관심으로 대하든 말든 버티기로 각오했다.

그렇게 지내던 어느 날, 도인이 나를 불러 앞에 앉히고 물었다. "그래 이 학문을 배워서 어디에 쓰려고?

도인의 말에 나는 말했다.

"이 신통한 비법 배워서 저 세상으로 내려가 돈 많이 벌려고요."

내 말에 기가 찼는지 도인 낙담한 표정으로 말했다.

"제법 솔직하다만… 멀었다."

그리고 다시 밥 먹듯 굶으며 하는 일 없이 날들만 갔다. 그렇게 시간을 죽이는 가운데 난 자신 뭔가 알 것도 같고 모를 것도 같은 마음의 변화가 한 생각 바뀌어져 있었다. 내가 지금껏 잘 못 살았구나. 무시한 채 보지 않으면서도 내 속을 훤히 들여다보고 있었음인가.

어느 날 도인이 불러 앉히고 말했다.

"공부를 시작하기 전에 목욕재계부터 해야 한다. 준비해라."

어하라, 뛸 듯이 기쁜 나는 목욕하러 가기 위해 준비했다. 오랜만에 저 속세로 내려가 사우나 탕 뜨거운 물에 몸 담가보겠구나. 목욕 후에는 시원한 생맥주 한잔. 이게 얼마 만이냐. 생각했을 뿐인데도 아랫배가 찌리라. 그런데 순전히 나만의 착각이었음이 곧 드러났다.

앞장선 도인, 산 아래로 내려가지 않고 아직 얼음과 눈으로 뒤덮인 산 위로 올라가기 시작했다.

"스승님, 목욕하러 가신다면서 왜 산으로 올라가시는지요?"

내 물음에 스승님은 뒤도 돌아보시지 않고 혼잣말 투로 중얼거렸다.

"지금 가고 있잖아. 목욕하러. 어서 안 오고 왜 꾸물거려."

기가 찰 노릇이었다. 엄동설한에 계곡물 얼음 속에 알몸을 담 갔다. 그렇게 해서 배우기 시작한 효 학문(영혼 철학 학문)은 나를 또 한 번 깨어나게 했다. 이승에서의 내 삶이 왜 이런가에

닿아 있는 원인을 영계(靈界)에 들어가 알게 되었다.

죽을 고비를 숱하게 넘기며 영계를 드나들면서 나는 예전의 내가 아니게 바뀌고 있었다. 스승님도 그렇지만 좋은 일에 쓰라고 돈을 보시(布施)하는 귀부인과 손님들 역시 예사로운 사람들이 아님을 깨달았다. 어리석은 나는 이제껏 그걸 몰랐다. 모른 채 내 팔자만 원망하고 타인만 욕했다.

어리석은 건 나였다. 한낱 부나비 같았던 삶을 살아온 내가 못 든 걸 잃어서야 깨달음으로 눈떴다. 눈 뜨기 위해 나를 찾아온 부나비도 울고, 나도 운다.

애석하다. 공부하겠다 찾아온 자들, 배움에는 인색하고 사용할 궁리에만 빠져 있다. 이 공부를 의술(醫術)쯤으로만 여기는 놈, 문자(文字)놀이쯤으로만 여기는 놈, 상술(商術)쯤으로만 여기는 놈들뿐이다. 그래서 의술로만 여기는 놈에게는 영(靈)에 대

한 경건함이 없고, 문자놀이쯤으로만 아는 놈에게는 영안(靈眼)의 싹수조차 없고, 상술로만 여기는 놈에게는 그 둘 다 없이 오직 똥만 가득 차 있다. 인간존중이 없는데 어찌 영계를 드나들 수 있으며, 영계에서 만나는 원혼들을 위해 천도할 수 있으며, 같이 슬퍼하고 같이 울 수 있겠는가. 고작 한다는 말이 그렇다.

"영계에 들어가면 좋을 줄 알았는데, 영 아니네요? 순전히

귀신들만…"

그런 그들에게 나는 말한다.

"이놈들아, 천당 극락에 가신 분을 신이 아닌 다음에야 어떻게 만나!"

그렇게 신(神)의 영역을 넘보던 놈들은 이게 아니구나, 도망쳐 고작 흉내나 내는 원숭이처럼 잔재주 부리며 사기를 친다.

애석하다. 스승님 뵐 면목이 없다. 내 대(代)에서 효 학문이 끝나는구나. 죄스럽다. 영혼 철학을 귀신 장난쯤으로 터부 하는 세상에 효(孝)의 중요성을 알리려면 아직 멀었는데 안타깝구나. 도의(道義)가 땅에 떨어져 짓밟힌 지 오래인 현세에서 천지조후(天地組後)의 중요성을 알리기 위해 갈 길 먼데 날 저물어 가는구나.

사람들은 제집 어둠에 불은 밝히면서 제가 가게 될 영계의 어두운 길 밝힐 줄은 모른다. 오직 현세에서의 삶이 전부라 믿고 탐심으로 욕망만 축적해 놓기에 바쁘다. 베풀어 선업(善業) 쌓기에 인색하여 구천으로 나아·가고 있는 자기를 모른 채 오만하기만 하다. 마찬가지로 사람들은 아직 가보지 못해 앎이 없는 영계에의 길을 닦기 위해 기도는 하면서도 정작 자기의 집 뿌리용 기둥이며 길인 조상은 나 몰라라 한다.

그 모두가 현세와 영계, 자기와 조상의 관계를 망각함에서

빗어진 일이며, 병이고, 슬픔임을 모른다. 애석하다.

■ 신령(神靈) 최영(崔榮) 장군을 천도해 드리다

인간의 길은 신(神)의 섭리, 그 비밀 한 자락 믿을 수 없었다.

다른 곳이라면 몰라도 이 추자도에 최영 장군이 왜 있으며,

왜 다른 곳이 아닌 이 나라 끄트머리 바다 한가운데

떠 있는 조그마한 섬으로 나를 오게 했단 말인가?

그리고 나의 고통을 다 알고 있다는 말은 무슨 뜻인가?

무명(無名)은 천지의 시초요, 유명(有名)은 만물의 모태(母胎)이다.

명상을 통해 내부의 소리를 듣고 밖에 나가 외계를 알아낸다.

두 가지 깨달음은 결국 하나의 원천에서 온 것.

삶이란 하나 전체이다.

—도교(道敎)에서

무명과 유명: 무(無)와 유(有)는 상호의존적이며 영원한 도의 양측면 이다. 무는 아무것도 없음이 아니라 감지할 수 있는 질(質)이 없음을 의미한다. 노자에게서 무는 유보다 상위개념이다.

■ 길의 괴로움 벗어나기, 길 끝 섬으로

지쳤다. 나 이제 이 길을 벗어놓고 떠나리.

인연의 좋은 한 시절 추락하는 지점에는 절망과 회의가 있을 뿐. 인간의 욕망, 탐욕이란 고작 위험한 환상이라는 걸 확인한 지금까지의 길과 사람들이었다.
나 이제 길 위의 모든 인연 내려놓고 떠나리.

그 허무한 환상을 끝내기 위해 떠나는 게 아니라,
내 길의 허무로부터 허무를 끝내기 위해 떠나리.

길 끝 바다에서 배를 탔다.

내 생의 길에 찍는 마침표, 섬을 향하여.

짙푸른 바다, 물 위에 하얗게 길을 남기는 뱃길의 물거품을 바라보고 있자니 지금까지 걸어온 길에서의 허망함에 비애와 웃음이 한데 섞인다. 바닷바람과 허공에 부서지는 포말. 그러하였던 일들, 인연들. 지인들의 배신과 패덕은 영영 아물지 않을 상처일 거였다.

그들은 나를, 나의 비법을 이용해 더 많은 축제를 하고자 하였을 뿐, 사람의 도리와 인연의 소중함은 안중에도 없었다. 오직 내가 주식 종목을 찍어주어 돈을 더 많이 벌고자 하는 욕심에만 빠져 점점 더 악의 구렁텅이로 깊이 추락하고 있었다. 어찌하리. 모든 걸 그들에게 주고 떠나기로 작정했다.

탐욕에 눈먼 그들의 배신과 극에 달한 배은망덕, 오직 물질욕 에만 눈먼 시각장애인들을 뒤로하고 떠난 길, 내 생의 길을 벗거나 마침표를 찍고자 한 길 끝으로서의 떠남, 그러나 그 길이 예사롭지 않은 여정의 시작, 신(神)이 준비해놓은 섭리의 비밀 한 가닥이었으니…

■ 추자도(楸子島)

섬.

이보다 외로운 상징이 또 있을까? 있다면 그건 2009년 1월 초순. 살을 도려내는 찬 바닷바람에 몸보다 마음이 더 춥고 더 아팠다. 몸을 에이는 섬의 면도칼 같은 바람과 혹한의 추위보다 마음을 벗겨내고, 자르고, 찌르고, 다지고, 그어대는 불 칼과 얼음 칼에 차라리 죽는 게 낫겠다는 절망과 싸우는 나 자신 그야말로 망망대해의 섬, 한 점의 마침표가 되어있었다.

그렇게 내가 걸어온 길에서의 모든 욕망, 인연, 꿈, 좌절, 후회, 절망까지도 피고름과 눈물로 짜내듯 괴로움과 함께 쓰러져 잠자

고 눈뜨는 시간만 이어졌다. 질긴 회한만큼이나 질긴 목숨의 도 피처는 죽음밖에 없었다.

잠들어 꿈속에서도 울고 잠깨어 폭설 퍼붓는 온통 하얗게 지워진 바닷가에서도 울어 얼음으로 떨어지는 모든 것들에의 피고름과 눈물을 섬의 바다 짙푸른 물로 돌팔매질하듯 하고, 앞이 보이지 않을 정도로 퍼붓는 눈 속에 묻기도 했다.

나는 왜 이 멀리 있는 길을 걸어온 것이냐, 왜 이 길로 들어

선 것이냐. 내 자문은 신에게로 향한 절규였다. 잘못한 죄라면, 나 자신 남들과 다르지 않게 잘 살고 싶어 했으며, 희망을 가지고 열심히 목적지에 도달하기 위해 정신없이 노력한 거였다.

그런 만큼 결실도 커서, 거대한 기업으로 올라섰으며, 부도 축적할 만큼 하였다. 탄탄대로, 세상은 나의 것이었다. 그러나 하루아침에 모든 게 사라졌다.

폭설 퍼붓는 짙푸른 바다로 들어가기 위해 긴 방파제의 눈 위에 발자국을 찍으며 걸어간 끝에서 뒤돌아보면, 걸어온 길 위에 내 발자국이 지워지고 없다.

섬도 나도 길도 폭설에 지워지고 없다.

■ 신령(神靈)과 만남

작은 섬
그보다 더 작은 나
바다 앞에 드러누워
외로움과 회한으로 뒤척이는 밤
눈은 퍼붓고 불면은 쌓이는데

철썩이는 파도의 찬 소리
눈꼬리를 적시며 저 홀로 굴러 내리는 눈물
심장이 얼어 아프다

눈보라를 흩뿌리며 불어오고 가는 바람
섬도 나도 바다도 어디론가 구슬피 날아간다

어둠 속의 호곡(號哭), 바람소리인가
한 맺혀 방황하는 귀신의 울음인가?

영(靈)을 접속하지 않았는데 어느 영이 찾아온 느낌에 섬뜩하다. 온몸에 돋은 소름을 의식하며 벽으로 돌아눕는다. 점점 더 가까이 다가오는 한기가 등으로 스민다. 보통의 영이 아니다. 여간 센 기운이 아니어서 머리칼이 죄다 바늘 다발처럼 곤두선다. 모른 척 외면하고 감은 눈을 더욱 질끈 감아 도망친다. 숨소리를 죽여 베개에 얼굴을 숨긴다.

순간, 노인이 나를 부른다. 나를 잘 알고 있으며, 마치 자기를 찾아 이 섬으로 내가 올 것을 알고 있었다는 듯이, 자애로우면서 슬프면서 기운찬 음성, 모르는 체하는 나를 구슬리며 다독인 듯하던 영은 그렇게 머물다 오늘은 이만, 이라는 듯 사라져가고, 바람소리와 바다의 파도 소리만 나를 혼몽함에서 일깨운다.

또 폭설인가 하고 밖을 내다보면 눈 그친 설경 온통 하얀 섬
진보랏빛 하늘에 휘황히 뜬 차가운 달.
푸른빛이 스며들거나 물처럼 떠 있는 눈의 세상.
기괴하다.
허망하다.

그렇게 이상한 영과의 만남이 계속 이어지는 가운데 나는 점점 더 실의에 빠져 목숨을 놓아가고 있었다. 그런데도 영은 포기하지 않고 찾아와 자기와 이야기 좀 하잖다. 나에 대해 다 알고 있다고. 이해한다고.

이미 나는 이 길을 단념한 사람
구천을 떠도는 그대와 마찬가지 여기까지 떠돌아 왔음을
정녕 그대가 아신다면 이대로
제발 이대로 그냥 가만히 놔두시기를…

이 길로 들어서 스승님께 전수받은 비법도
이기심과 탐욕에만 눈 먼 마음 독한 사람들
모든 인연과 모든 희망을 내 한목숨과 함께

이 길 끝 바다에 묻으려니
누구이신지 모르오나?

이대로 가만히 놔두시기를…

그래도 매일 찾아오는 영은 나와의 대화를 단념하지 않았다. 나는 점점 더 상심으로 나 자신을 죽음으로 밀어 넣고, 영은 점점 더 강하게 나를 일으켜 세우려 하는 줄다림이 계속되었다. 단지 평범한 영이 아니라는 것은 알 수 있었으나, 내 처지 또한 평범한 삶의 현재가 아니었으므로 인신(人神)인들 무슨 대수라, 모른 체했다.

■ 신(神)의 비밀을 엿보다

바다 긴 방파제에 홀로 앉아 내가 걸어온 길을 정리하고 끝내려는 참이었다.

차디찬 바람은 나를 대신해 통곡하고

질푸른 바다는 파도로 내가슴을 때리는데
어두워진 하늘은 무심하기만 하다.
눈 그치고 난 뒤의 적막함은 왜 이다지 담담한가.

작별하러 온 세상 나를 모른 체 하고
작별하는 나는 세상을 모른 체한다.

작은 섬에서 작은 마침표로 내 생을 끝내련다.
이제 여한이 없다…

순간, 정지하는 듯하던 사방이 확 트이는 듯하더니 갑작스레 천둥소리가 나를 후려치고 번개가 무섭게 내리꽂혔다. 천지를 뒤엎는 천둥과 바다에 꽂히는 광선의 시퍼런 빛 번개가 연이어지는 가운데 강한 회오리바람이 일어 나를 집어삼키려는 듯한 기세로 다가오고 있었다. 이 무슨 일인가, 방금까지 죽음만 각오하던 나는 까무러치게 놀라 도망치려 했다. 정신없는 내 앞에 나타나 가로막는 귀신,희한했다.

영을 접속해오던 나였으나 이런 경우는 처음이어서 당황할 수밖에 없었다. 어찌해야 할지 몰라 그 자리에 붙박여 선 채 내 앞의 기골이 장대하고 기상이 하늘을 찌르는 강한 기운을 바라만 보았다. 겨우 정신을 차리기까지 꽤 긴 시간이 지나간 듯한 기분이 들었다.

"누구십니까…?"

내 물음에 신기하게도 사방이 고요해졌다.

"나, 최영이라네. 그대는 나를 잘 모를 테지만 나는 그대를 이 미 잘 알고 있네. 그대가 여기까지 오느라 많은 수고가 있었음을 잘 아네. 이제 그대의 힘이 되어줄 것이니 그대 힘내시게."

"그런데 왜 이곳에 계십니까?"

"그래서 그대를 만나고자 하였음일세."

"그럼… 일부러 저를 이곳에 오게 하셨단 말입니까? 어찌하여 장군님께서 구천을 떠돌며 신령이 되시었습니까?"

"나 이제 그만 떠나려네. 그대가 나를 보내주시게. 그대밖에 없으니."

미처 대답할 틈도 주지 않고 최영 장군의 영이 자취를 감추었다. 당혹스런 일이 아닐 수 없었다. 귀신의 장난일지도 몰랐다. 한갓 잡귀가 오랫동안 구천을 떠돌며 힘이 강해져서 나를 상대로 장난치는 게 아니라면, 도대체 이해하기 힘들었다.

이 작은 섬, 추자도에 웬 최영 장군이란 말인가.

■ 신(神)의 섭리를 인식하다

믿을 수 없었다.

다른 곳이라면 몰라도 이 추자도에 최영 장군이 왜 있으며, 왜 다른 곳이 아닌 이 나라 끄트머리 바다 한가운데 떠 있는 조그마한 섬으로 나를 오게 했단 말인가? 그리고 나의 고통을 다 알고 있다는 말은 무슨 뜻인가. 기가 센 잡귀의 장난이 아닐까 몰랐다.

그러나 내 의혹은 이내 풀렸다.

섬 주민에게 물어보니 이 섬에도 최영 장군의 사당(祠堂)이 있다는 그것과 이 섬의 수호신(守護神)으로 최영 장군을 모셔오고 있다는 거였다. 도대체 이 섬과 최영 장군은 어떤 관계가 있단 말인가? 그리고 나와 최영 장군의 관계란 무슨 곡절이 숨어 있단 말인가? 생각이 그에 미치자 정신이 번쩍 들고 온몸이 후끈 달아올랐다.

■ 최영 장군 "황금 보기를 돌같이 하라"

영웅으로 살다 간 최영 장군.

"황금 보기를 돌같이 하라." 말한 장군이시며 "만약 내가 탐심(貪心)으로 살았다면 내 묘에 풀이 무성할 것이고, 나 내가 청렴하게 살았다면 묘에 풀이 자라지 않을 것이다."라는 유언을 남겼고, 사후(死後) 정말 묘에 풀이 돋지 않은 장군. 고려 말의 명장으로서 수많은 왜구의 침입을 격퇴하였고 기골이 장대하고 풍채가 늠름했으며 무엇보다 용력(勇力)이 출중하였던 장군.

추자도에 머물러 있을 때는 백성들에게 어망을 만들게 하고 고기 잡는 법을 가르쳤던 자애로움과 덕을 겸비했던 장군. 그런나 불행히도 역적으로 몰려 죽임을 당하지 않으면 안 되었던 억울한 누명으로 인한 죽음에 원통하고 비참하였을 장군.

죽음 이후로도 복권되지 못했으나 장군의 죽음을 애통해한 추 자도 백성들은 장군이 귀신의 세계에 있으므로 사람이 할 수 없는 신통력(神通力)을 발휘해 줄 거라 믿고 장군의 은의(恩義)에 보답하고자 사당을 짓고 정성스레 모시게 되었다. 그리하여 신령(神靈)이 된 최영 장군.

알고자 하면 할수록 최영 장군에 대한 애통이요, 내가 걸어온 지난 삶의 길과 인연으로 말미암은 원통함과 참담에 대한 공감이었다. 탐심에 빠져 나를 이용하기만 한 지인들과 나 자신의 번뇌는 결국 이곳 추자도에 올 수밖에 없는 또 다른 인연이었다는 확인으로 여겨졌다.

■ 국토수호신(國土守護神) 최영 장군을 천도해 드리다

새벽 3시.

벼랑 위에 위치한 사당을 찾아간 나는 지극정성으로 최영 장군을 천도하는 의식을 하였다. 홀로 천도제를 하는 내내 나 자신 모를 환희에 벅찼다. 최영 장군을 극락으로 천도해드리고 바라본 사당 안에 '조국군통대장최영장군' 이라 쓰인 서체가 빛으로 번쩍였다.

사당을 나서 바다로 걸어가는 걸음이 마치 구름을 밟는 것처럼 가볍고 몸의 가벼운 만큼 정신도 맑았다. 그동안의 번뇌와 고통이 정화된 상태에서 환희로 바뀌어 있었다. 살을 에는 찬 바람도 불인 양 뜨겁게만 느껴졌다.

바다의 곧게 뻗은 긴 방파제로 가서 최영 장군과 만났던 그 자리에 앉았다. 내 마음은 숙연하고 바다는 어둠 속에서 파도 소리 만 바람에 맞춰 노래하듯 했다. 눈물이 뜨겁게 흘러내렸다.

어이하리. 나 이 길에서 불멸을 깨달았으니. 산 자들의 탐욕으로 감긴 눈을 뜨게 하는 것처럼 구천을 떠도는 슬픈 영들을 극락으로 인도하여 줌이 나에게 맡겨진 운명인 것을.

어이하리. 이승의 사람들은 저승의 슬픔을 알지 못해 믿지 않고, 저승에서 구천을 떠도는 영들은 구원되기를 희원하거늘. 그 누가 이 힘들고 고통스러운 길을 가려 할 것인가.

이승에서의 영매자(靈媒者)들은 귀신을 알아보나 쫓는 데만 힘쓰고, 구천을 떠도는 조상(組上)들을 둔 사람들은 가난과 병고(病苦)로 시달리는데. 어이하리.

나 홀로 이 길을 걸으나 도움은 없고, 영들과의 약속은 지켜야 하는 내 처지 딱하다. 어이하리. 이승에서의 길은 저승의 인도함 이 요, 저승에서의 길은 이 승에 서 걸어간 업 보의 길임을 깨닫지 못하는 사람들. 어이하리. 인간의 길은 신이 준비한 섭리의 한 가닥. 어이하리.

눈물과 가슴의 착잡함, 환희가 뒤섞인 내 앞바다 수평선 위로 붉은 해가 솟아오르기 시작했다.

■ 불멸(不滅)에서 깨닫는다

최영 장군을 천도하여 극락으로 보내드린 후 추자도에 머물며 홀로 마음을 닦으며 수행하고 있는 나에게 생각지도 않은 전화가 걸려왔다. 남자분이었다. 친분이 있었던 분이 아니었음에도 나에게 용기를 주시며, 앞으로도 돕고 싶으시다는 말씀이었다. 기분이 묘했다. 초면인분이 전화를 걸어와 도와주겠다니, 이 무슨 조화인가?

나는 기쁨으로 가슴이 벅찼다.

그분의 용기 주심과 도와주심으로 추자도를 떠나 제주도로 갔다. 제주 애월에서 기도와 수련을 계속하게 되었고, 직원들도 다시 안정을 되찾았다. 전화로 나를 구원하여 주신 수원에 계시는지 사장님께는 늘 감사하는 마음이다. 그분의 은혜는 죽어서도 절대 잊지 않을 것이다.

이 모두가 이승에서 이루어지는 불멸의 신비이며 신에의 섭리, 하물며 어찌 늘 매 순간 감사하는 마음으로 겸손과 겸허로써 살지 않겠는가.

오늘도 나는 신의 비밀, 그 오묘한 섭리에서 깨닫는다.

■ 충무공(忠武公) 이순신(李舜臣) 장군을 천도해 드리다

충정(忠情)의 영(證)이 되어 나라를 지킨다.

이승과 저승이 둘이 아님(不二)을. 영웅은 극락에 가시었어도 이승에 맑은 기운으로 충(忠)과 효(孝)를 전하고 후세(後世)의 미래를 걱정하며 복락을 주심을. 우매하여 미처 깨닫지 못하는 불경(不敬). 후대(後代)의 지혜롭지 못함을 어이하라

■ 나라에 대한 충(忠)에의 집착이 저승에 머물게 하다

고요의 허공으로 떨어지는 한 송이 낙화도 순리(順理)_에 의해 서거를 하물며 사람이랴.

미처 다 펴보지도 못하고 진 꽃의 안타까운 형체 지상에 오래도록 머무는데 하물며 사람이랴.

미처 다하지 못한 원을 가슴에 묻은 채 이승을 떠나지 않으면 안 된, 현실과 이상의 어긋남으로 한(恨) 맺힌 영혼(靈魂)이랴.

아, 충무공 이순신 장군이시여!

■ 이상한 예감(豫感)

내 나라 나의 조국을 떠나 일본에 오게 된 이유는 자의 반 타의 반 나 자신 개인적인 문제 때문이었다 못 가신 영을 천도해드리는 데 있어. 어찌 국경(國境)이 있으며, 어찌 지위(地位)의 높고 낮음이 있으며 어찌 귀천(貴賤)이 있으랴만 공에 찾아오시는 영(靈) 있어 생시인 듯 만나곤 하는 예지몽(豫知夢)…

영을 접속하여 마주한 위인(偉人)의 추레함에 나는 소스라치게 놀라 외치다.

아, 충무공 이순신 장군님!

그럴수록 그리움에 사무치는 또 한 분이 나의 스승님이셨다. 나의 스승이신 청송(青松) 선사님의 가르침을 되새기게 되는 나날들 그렇듯 이상한 예감과 함께 이어졌다.

국가를 위해 힘써라.

아낌없이 목숨을 바쳐라.

희생하기를 노력하라.

여전히 스승님의 청정하고 우렁찬 음성이 생생히 내 정 수리를 꿰뚫는다. 불의 화살촉, 번개촉처럼 파고들어 관통하는 일침!

아울러 점점 더 선명해지는 위인.

아, 충무공 이순신 장군!

나 자신 어서 내 나라로 떠나지 않으면 깊은 나락으로 추락할 것 같은 예감.

■ 이승과 저승에의 의문, 풀리지 않는 사자(死者)의 비밀

—이승에서의 위인

충(忠)과 효(孝)의 표상(表象)이시며 기개(氣槪), 절제(節制), 예(禮)의 모범 이순신 장군은 왜 극락세계에 가시지 못한 채 구천을 떠돌아야 한단 말인가?

그토록 밝은 지혜와 용맹스러움을 갖춘 대쪽 같은 의인(義人).

이승에서 저승으로, 저승에서 극락세계로 가는 길.

그 가치기준의 같음과 다름.

신(神)의 이성(理性)으로써의 가치기준과 인간 이성의 가치기준.

전쟁, 살인, 집착, 욕망, 탐심…

충(忠) 역시 예외는 아닐 터 이기적(利己的)이 아닌 나라를 위함일지나, 수많은 목숨을 죽음으로 내몰았으니 그 원귀(冤鬼)들이야 말해 뭐하리…

영(靈)들의 차이 한(恨)이 맺히어
못 이룬 원 때문에
적멸치 못한 집착과 아집 차마 떨질 수 없는 애(愛).

구천을 떠도는 원혼들.
감히 이순신 장군을 범치는 못할지언정
그러면 그럴수록 장군의 번뇌와 상심, 고통과 외로움
또한 컸으리.

사자(死者)가 된 자기를 망각한 채
오직 충(忠)의 심정으로 구천을 떠돌고 있음을 알아주는
후세인(後世人) 없으니
기다리고 기다림을 어찌 필설로 다하리.

간혹 영계에 접속되어 우연히 찾아드는 자들
있으나 단지 영매자(靈媒者)의 수준에 불과할 따름.

아아, 나를 천도하여 줄 인물은 따로 있느니…

■ 잘못된 꿈, 허망한 예지로 장군의 묘(墓)를 파괴하다

한 무녀(巫女)가 있어 꿈에 장군을 만나니
다름 아닌 이순신 장군이시라.

공에서조차 간담이 서늘하여라.

어찌하여 이 어르신이 구천을 떠돌고 계시단 말인가.
이를 어쩌리.
나에게 구원의식을 하여달라 청하심을

혹 거절함으로 그 화(禍)가 미칠까 두려우매
서둘러 벙어리 자식에게 무구(巫具)를 짊어지게 하여
이순신 장군의 묘를 향하여 길을 재촉하였다.

봉분을 훼손한 것도 모자라 시신(屍身)에게 해(害)를 가하니
이순신 장군, 더욱더 비통하고 원망스럽기만 하다.

아아, 무지한 무녀(巫女)여!

■ 현충사(顯忠祠)

이순신 장군의 묘를 파헤쳐 뒤집어엎은 무녀의 사건으로 온 나라가 발칵 뒤집혔다.

그때 마침 나는 일본에서 귀국한 때였으니 그 또한 신기함이여.

우연은 아니었느니…

서둘러 제자와 함께 길을 떠났다.

충남 아산 백암리에 있는 현충사(顯忠祠) 장군의 영정 앞에 향을 사르니 그저 모골이 송연할 따름.

아아, 장군님이시여!

제자와 백암의 방화산 기슭을 더듬으며 감개무량하다.

장군이 무과(武科)에 급제하기 전까지 사시던 곳.

바람은 장군의 숨결 같고 하늘의 창공은 한없는 포부

구름의 거동은 지사(志士)의 충천한 의지 같은데

힘없이 드러눕는 풀과 맥없이 읊조리듯 살랑이는 나

뭇잎들은

구천을 떠도는 장군의 처지 같구나.

■ 충무공 이순신 장군을 천도하여 드리다

현충사에서 아산 온천 방향으로 길을 떠나 응봉 삼거리 어라산에 위치한 장군의 묘를 찾아 참배(參拜)드리다.

길고 긴 세월을 찰나로 건너뛰어 마주한 이순신 장군 비록 구천을 떠도느라 기운이 탁하여졌음이 감지되나 한편으론 강직함과 온유가 함께하고 충(忠)과 효(孝) 기개와 곧은 의지 여전하시다.

뒤늦게야 장군의 처지를 알아 찾아뵙게 되었음을 아둔하고 눈 어두운 후세(後世)가 무어라 변명하리.

묵묵히 머리 조아려 용서를 빌다.

장군은 그제야 말없이 웃으시매 그 속뜻을 감지하다.

나 이제 가련다. 그대여 고마우이…

이승에서도 그리 인자하신 장군이셨으리.

이순신 장군을 천도하여 드리는 모든 구원의식(救J援儀式)을 마치니, 한 차례 생생한 꿈을 꾸고 난 듯한데 어디에서 날아온 예쁜 새 한 마리 나무에 앉아 아름답고 다정스레 지저귄다.

■ 영웅(英雄)은 극락세계로 가시었어도

햇빛이 밝으면 밝을수록
그림자 또한 짙음을 알면서
한편으로
이승에 어둠이 드리우고 천재지변이 극할수록
저승에의 어둠이 극함을 모르는 이승의 산 자들.
사자인 조상의 예언과 바람의 뜻을 저버리는
불손으로 인하여 불운한 자들.

이승과 저승이 둘이 아님(不二)을

영웅은 극락에 가시었어도

이승에 맑은 기운으로 충(忠)과 효(孝)를

전하고 후세(後世)의 미래를 걱정하며

복락을 주심을

우매하여 미처 깨닫지 못하는 불경(不敬)

후대(後代)의 지혜롭지 못함을 어이하리…

아아, 충무공 이순신 장군이시여

부디 용서하여 주시옵기를…

■ 국운 상승을 위한 영가천도

—이는 곧 후손들을 위한 조상의 간곡한 충정(忠情)의 호소이다

일본으로 가 이 나라를 등진 나를 불러들인 충무공 이순신 장군이었고, 그 의미를 돌이켜 보건대, 변함없는 충무공 이순신 장군의 간곡한 충정의 호소였다. 그러함이 한 무녀(巫女)에게도 가닿음으로 그러한 일이 벌어진 것이다. 그러나 불행히도 무녀는 그 의미를 곡해하여 장군의 묘를 훼손하였다.

바로 그것이 현실이다. 무속인들은 조상을 단지 귀신으로

만 보는 것이다. 그런 점에서는 현대의 종교들 역시 다르지 않다. 조상을 귀신으로 봄으로써 제사를 지내는 것은 우상숭배라는 잘못된 신앙을 가지고 있다. 그 모두가 천륜(天倫)인 효(孝)를 상실했기 때문이다. 천륜을 상실한 후손이 잘된 예는 없음에도 현대인들은 깨닫지 못한다. 그런데 어떻게 조상의 기운, 발복을 받을 수 있을 것이며, 현세에서는 국운 상승을 영계에서는 천도할 수 있을 것인가. 미혹함에서 한시바삐 깨어나야 할 것이다.

그렇듯 미혹한 인간들의 철저한 개인주의와 이기주의에 환멸을 느껴 나는 이 나라를 등지고 일본으로 건너갔었다. IMF가 터지고, 김대중 대통령의 건강 악화와 사회 전반적인 불행과 슬픔, 자살하는 사람들이 늘어나고, 거리로 내몰려 행려병자가 되는 사람들, 가정파탄, 무력한 경제와 혼란한 정치 상황, 매너리즘에 빠진 종교와 교육, 그러한 상황들에 나 자신 개인적인 체험에의 환멸이 결국 이 나라를 떠나게 했던 것이고, 조상이 개입게 하였다.

일본으로 떠나기 전, 지인의 소개로 대통령의 건강회복을 위한 기도와 나만의 비법으로서 열심히 정성을 다해 대통령의 건강회복을 그의 비서진들에게 증명해 보였다. 그리고 비서진에게 국운 상승을 위한 영가천도를 대통령에게 전달해달라고 간곡히 호소했으나 약속은 지켜지지 않았다.

깊은 환멸이 나를 회의하게 했다. 국립묘지 절반 이상의 호국 영령들은 좋은 곳에 못 가 원귀로 떠돌고, 청와대에는 수백 명 이상의 원귀들이 머물러 대통령과 이 나라에 나쁜 영향을 주고 있으며, 그러함은 비단 그곳만이 아니라 국회의사당을 비롯한 정부청사들 역시 마찬가지다. 그런데 어떻게 국운이 상승할 수 있겠는가. 대통령의 건강과 올바른 판단력으로서의 국정운영을 수행할 수 있겠는가. 역대 대통령들의 불행이 그를 증명함에도 불구하고 무시와 방치로 일관하고 있다.

물론 거기에는 다른 변수들이 개입되어 있다. 종교의 다름과 사고의 다름, 시각차 때문이기도 하다. 그 모두를 고려하여 이해하고 판단한다고 하여도, 결코 무시할 수 없으며 해서도 안 되는 것, 바로 효(孝)와 충(忠) 이니, 그들의 붕괴를 조상이 염려했음이다. 그렇듯 일본에 있는 내가 귀국하게 하여 무녀가 훼손한 충무공 이순신 장군의 묘를 찾아가게 하고, 천도재로서 세상에 알리게 함으로써 천지조후(天地祖後)의 실체를 증명케 하신 것이다. 그런데도 현재까지도 나의 예언과 모든 증명에의 사실들은 단지 영혼 철학 학문을 하는 한 사람의 우스갯소리로만 흘려버리고 있다. 안타까운 일이다.

현실이란 그런 까닭에, 영계에의 조상에 무지한 사람들에게 좀 더 확연히 증명케 하시기 위해 내가 케이블TV 방송을 통해 세상에 그 실체를 보여주게 한 것이다. 그것은 다름 아닌 대학 입시와 시와 조상 발복의 관계증명이고, 대중예술의 스타인 연예인들인 고 안재환 님과 고 최진실 님의 영들을 천도하여 줌으로써 효 학문(영혼 철학 학문)을 알리라는 조상의 뜻이었다.

■ 고 안재환님과 고 최진실님의 영(靈)을 만나다

더 이상 미신과 미지의 세계가 아닌 영계.

영계로 들어가 안재환과 최진실의 영을 접속해보니 안타깝게도 구천을 떠돌고 있는 중이었다.

이들 두 사람을 천도하여 줌으로써 영계에 무관심하고 무지한 세상의 눈을 뜨게 할 수 있겠다고 판단한 나는 방송국의 취재요청을 수락했다.

잠시 우연

-일파 합장

한 생(生)

물 위의 수련

잠시의 인연으로 피었다
한 구름
허무히 울며 가는 것을

뒤늦게 펼친들 무슨 소용

한 생

한 꽃일 때 인연을 잡으라
물의 수련
한 생

■ 조상의 음덕

현대는 가히 귀신의 세계다.

우리의 일상 깊이 파고든 영혼의 문제를 어떻게 볼 것인가? TV를 켜면 TV가 나에게 묻는다. 책을 펼치면, 영화를 보면, 인터넷의 가상세계 속으로 들어가면 귀신 세계다.

귀신에게 점령당한 이 세계를 과연 어떻게 볼 것인가?

다름 아닌 귀신들이 우리에게 물어온다. 그리고 투덜거린다. 각 종교는 대답 없이 무시한다고. 과학을 부정하던 종교가 과학과 심리학을 들먹거림으로 물음을 회피한다고. 투덜대는 귀신은 말하고 싶어 한다. 햇빛이 강해지면 강해질수록 그림자의 어둠이 깊은 법, 과학의 발전이 눈부실수록 그만큼 미신이라고 터부 하는 영적인 문

제가 영향을 미치는 법. 그걸 너희는 아직 몰라, 귀신은 자신의 존재를 알아달라고 출몰한다. 그래서 우리는 거의 매일 귀신을 본다. 그리고 거의 매일 우리가 아는 누가 죽는다.

"이상해. 그가 왜 죽어야 했을까?"

"누가 또 죽었어?

"최진실이 죽었데."

"뭐? 이 거짓 세상에서 진실이 죽었다고?"

"농담이 나오니? 진짜 최진실이 죽었는데."

"정말?"

그제야 놀란 사람은 귀신이라도 본 것처럼 숨이 멈춘 상태의 넋 나간 얼굴이다. 이제는 죽음과 귀신을 흔하게 접하게 된 세상 거리에서나 목격할 법한 광경이 이곳 깊은 산중 내가 있는 곳까지 침범해오고 있었다. 최진실의 자살은 가히 핵폭탄의 폭발과 같아서 온 국민이 쇼크에 빠졌다. 알게 모르게 내면에 위험스레 간직하고 있는 뇌관을 최진실이 대신 터트려 준 것이다.

영의 세계에 대해 무관심한 세상에서의 폭발.

2008년 8월. 베트남의 장애인학교 이사장으로 취임해 있던 내가 귀국하여 쓴 책의 내용 가운데 '수능과 조상 발복'에 대해 케이블 TV 방송국이 취재요청을 해왔다. 도대체 수능과 조상 발복이 무슨 연관이 있느냐는 거였다. 전연 어울리지 않는 둘의 관계를 증명해 보이라는 것, 그 비법을 세상에 공개하여 직접 눈으로 확인할 수 있게 해달라는 거였다.

최진실의 자살로 세상이 시끄러울 때였다. 안재환의 자살 직후여서 그들 두 사람의 죽음으로 쇼크를 받은 사람 중에는 정신과에 가거나 심지어 스타의 죽음을 따라 자살하는 사람까지 있을 정도였다. 사회 전체가 상실감에 빠진 공황상태에서 수능과 조상 발복이라는 이해하기 어려운 문제를 증명해 보임으로써 나의 효 학문(孝學文)을 세상 사람들에게 알리는 기회가 우연찮게 온 거였다.

영계로 들어가 안재환과 최진실의 영을 접속해보니 안타깝게도 구천을 떠돌고 있는 중이었다. 이들 두 사람을 천도하여 줌으로써 영계에 무관심하고 무지한 세상의 눈을 뜨게 할 수 있겠다고 판단한 나는 방송국의 취재요청을 수락했다. 그리고 인터뷰하는 동안에는 정신을 집중하여 영계에 머물 수 없으므로 미리 지리산에 있는 제자에게 오후 5시에 안재환과 최진실의 영을 천도하여 줄 것을 지시해놓았다.

사무실인 분당에 있는 풍림 아이온 오피스텔 706호로 취재진들이 찾아왔다. 나는 그들 앞에서 안재환과 최진실을 천도하기 시작했다. 지방을 써서 붙인 제사상 앞에서 천도재를 하는 동안 50평의 사무실은 긴장이 감돌았다.

먼저 술맛을 보게 한 후 술잔에 술을 따라 올렸다. 취재하는 기자들이 의아한 얼굴로 나를 바라보았고, 나는 그들에게 설명했다.

"지금의 술맛이 천도재를 지낸 후에 다시 맛보면 달라져 있을 겁니다. 맛이 순해져 있으면 좋은 데 가신 것이고, 탁하고 쓰면 안 좋은 데로 가셨다는 걸 의미합니다."

내 말에 그들은 반신반의하는 기색으로 나와 술잔을 번갈아

보았다.

우리는 막연하게나마 '영적 세계'를 인정하고 과학적으로 증명할 수 없는 기(氣)가 인간의 운명에 영향을 미친다고 느낄 수 있다. 그래서 누군가 돌아가시면 좋은 곳으로 잘 가시라고 종교나 가풍대로 기도, 연도, 천도 등 예를 드리고 고인의 안부를 걱정하며 성직자에게 그분의 안부를 묻는다.

그런데 예를 주재한 성직자들은 한결같이 고인이 좋은 곳으로 잘 가셨다고 말한다. 정말 잘 가셨는지 알고 싶어도 확인할 길이 없다. 눈에 보이지도 않으니 그냥 '좋은 곳으로 가셨나보다.'라고 위안하고 또한 교회의 목사님이, 성당의 신부님이, 절에서 스님이 잘 가셨다고 하니 내가 믿고 따르는 종교라 그냥 믿을 수밖에 없을 것이다.

천도재를 지내기 전에 술맛을 보게 한 나를 의아하게 여기는 그들에게 계속 설명해야 했다.

"우리는 이것을 '조상님의 음덕'이라고 말합니다. 별일 없이 소박하지만 무탈하게 살아갈 때에는 그것을 너무도 당연시하고 오히려 불평의 마음을 갖다가 불행한 상황이 터지고 예기치 않은 실패와 어려움이 닥치면 그제야 자기 인생이 왜 이리 꼬여야 하는지 원인 모를 원망에 싸여 근원적인 문제에 대해 생각해 보는 것은 인간이라면 누구나 똑같습니다. 그렇습니다. 조상 영혼의 기운은 분명히 우리에게 강하게 미치고 있으며, 지금 이 순간에도 끊임없이 여러분의 육신과 운명에 강력한 영향을 주고 있는 것입니다."

"스님도 조상 말씀을 하시는데 저도 그동안 안 다녀 본 데가 없고 안 해본 게 없습니다. 교회 가서 기도하고, 성당에 가서 연도 드리고, 절에 가서 49재부터 천도도 수 차례 하고, 유명한 무속인한테 가서 큰 조상굿도 하고, 매년 산소에 가서 성묘도 하고, 제삿날 빠짐없이 제사도 잘 지내드리고 있습니다. 저도 조상에 대해서는 누구보다도 잘 이해하고 있고 잘 섬기고 있습니다. 그런데 도대체 더 무엇을 해야 합니까?"

"당신은 기도, 연도, 천도, 굿을 했다는데 도대체 어느 조상을 하셨습니까? 그리고 절에서 천도를 한다는데 도대체 천도를 하는 게 무엇입니까? 천도란 못 가신 분 즉 구천을 떠도는 영혼을 잘 가시게 하는 게 천도입니다. 그런데 잘 가신 분을 천도할 필요가 있습니까?

잘 모르는 수많은 수행자가 조상을 들먹거리며 조상이 해친다는 말을 하는데 조상님들 중에는 잘 가신 분이 있고 못 가신 분이 있습니다. 잘 가시고 못 가시고는 그분이 이 땅에 점하나 찍고 태어나서 점하나 찍고 저세상에 가실 때(육체는 땅에 남고 영혼은 저세상에 가실 때) 얼마나 착하고 올바르게 살았나를 심판받는 것입니다.

잘 가신 분은 우리 후손들을 도와주십니다. 우리는 이것을 '조상님의 음덕'이라고 말합니다. 반대로 못 가신 분은 우리 후손들에게 도와달라고 찾아오시는데, 이것이 우리 후손에게는 안 좋은 영향을 끼칩니다. 그렇다면 잘 가신 분은 해드릴 게 없고, 못 가신 분만 찾아서 제대로 천도를 해드리면 그만인데, 잘 모르는 수행자들은 누가 잘 가고, 누가 못 갔는가도 모르고 무조건 조상을 팔아서 기도를 하자, 연도를 하자, 굿을 하자, 떠들고 사람들을 속이고 있으니 이것이 잘못된 것입니다.

그리고 세상만사 모든 게 이유가 있고 원인이 있는데, 모든 종교와 수행자들이 말하는 그 '조상의 기운'이 후손에게 어떻게, 얼마나 미치는가는 정확하게 설명하지도 못하면서 무조건 조상이 잘못되었다고만 하는데, 이런 것이 잘못되었다는 것입니다. 당신이 그렇게 열심히 유명한 곳을 다니면서 정성을 들였다는 게 잘못되었다는 것이 아닙니다. 몇몇 수행자들이 조상을 팔고, 종교를 이용하여 거짓말을 하고 세상 사람들을 속이고 있습니다.

지금 이 순간부터 그 모든 말들을 믿지 말고, 내 말도 믿지 마시 고, 본인이 현명한 선택을 해보십시오. 그러면 그 순간부터 당신 도 건강, 출세, 행복해질 수 있습니다. 왜냐하면 당신의 나쁜 운명이 좋은 운명으로 바뀌기 때문입니다."

우리가 살아가면서 모든 일이 잘 풀리지 않고 액운이 자꾸 찾아와 답답함과 괴로움을 느낄 때, 정말 용하다는 점집을 찾아가 물으면 조상님이 힘들어 찾아오셨으니 굿을 하자, 천도를 올리자, 라는 얘기를 듣곤 한다. 그래서 많은 돈을 들여 하라는 대로 해보지만 그래도 건강, 사업 등이 잘 안될 때가 많다.

이것은 몇몇 수행자들이 자세히 모르면서 조상님을 팔아 거짓을 꾸며내기도 하고, 조상님이 좋은 곳으로 가지 못한 것을 알아도 어느 조상님이 잘 가시지 못했다는 것을 정확히 증명하지도 못하면서 아는 것처럼 꾸미기도 한다. 심지어 어떤 이는 조상이 잘못되었다고 으름장을 놓기도 하고, 원래 잘 가신 분인데 당신 이 제사를 잘 안 지내 배가 고파 당신을 찾아온 거라는 등 이상한 소리를 하기도 한다.

다시 말하지만 잘 가시고 못 가시는 것은 그분이 이 땅에 머무는 동안 어떻게 살았는가에 대한 저세상에서의 심판이다. 우리의 역할은 어느 분이 잘 가셨는가, 못 가셨는가를 알아내고 그 영혼을 편히 가시게 천도해드리고 편히 모시는 것이다.

여기까지 이해가 되셨다면 어느 분이 잘 가셨는가? 못 가셨는가? 직접 알아보자. 어느 누구의 말도 듣고 믿지 말고 속

시원히 본인 스스로 직접 한번 느껴보자. 궁금한 해답이 풀릴 것이다.

직접 실험하고 확인하라. 공원묘지나 본인의 선산에 가서 어느 분이 잘 가셨는지 못 가셨는지 실험해 보자. 우리 눈에는 보이지 않지만 묘지에는 영혼의 기가 흐르고 있다. 우리들은 산소에 가서 벌초하고 정성껏 준비한 음식을 놓고 예를 올린다.

이때 차려놓은 음식은 물론 거기에 있는 우리들도 그 영혼의 기(氣)를 받는다. 즉, 그 영혼이 잘 가셨으면 좋은 기(氣J를, 못 가셨으면 나쁜 기(氣)를 받게 된다. 여러 가지 음식들이 많지만 맛의 차이를 금방 느낄 수 있는 술, 담배, 두부, 사과, 배 등으로 실험을 해보자.

산소 앞에 술이나 담배, 두부를 놓고 2~3분 정도(더 오래 두면 좋고) 기다린 후 각각 맛을 보자. 영혼의 속도는 빛의 속도보다 빠르기 때문에 2~3분 정도의 시간이라도 변화가 온다. 분명 처음과 맛이 달라진 것을 느낄 수 있다. 확실히 비교하려면 산소 앞에 놓아두었던 것과 놓지 않은 것을 단순 비교하라.

잘 가신 분의 묘 앞에 놓았던 술은 처음의 맛이 아닌 아주 달고 순한 맛이 나고, 담배도 부드럽고 순해져 풀냄새가 날 정도가 된다. 두부는 탱글탱글해져 고소한 맛이 난다. 잘 가신 영혼은 무조건 좋아하고 도와주기 때문에 음식의 맛도 좋게 변화시킨다. 바로 이것이 잘 가신 분의 영혼이 도와주신다는 것이다. 반대로 못 가신 분의 묘에서 어떤 변화가 생길까?

술맛이 쓰고 독하며, 담배 맛도 쓰고 목에 탁 걸리며, 두부는 퍼석퍼석한 맛이 난다. 못 가신 영혼의 기(氣)는 안 좋은 영향을 미치기 때문에 음식 맛까지도 안 좋아진다.

반드시 직접 실험을 해보라.

음식의 맛도 이렇게 안 좋게 바뀌는데 후손에게 미치는 육체적, 정신적 영향은 얼마나 크겠는가? 그것이 바로 안 좋은 데 가신 조상이 자손을 해친다는 증거이다.

그러면 매장을 하지 않고 화장을 하신 분들이나 북쪽에 묘가 있어 가지 못하는 실향민들은 어떻게 알 수 있을까? 우리 풍속에 제사라는 것이 있다. 우리 선조들은 돌아가신 조상님을 위하여 정성스럽게 음식을 장만하고 제사를 지내며, 고인을 추모했다. 이렇게 제사를 지낼 때, 고인의 사진(영정)이나 사진이 없을 때에는 지방(신위)을 써서 붙인다. 그러면 고인의 영혼이 오시는 것이다.

이때 고인이 오셔서 상 위의 음식을 잡수셨을 때 상 위의 음식 맛이 변한다. 묘지에서와 똑같은 현상이다. 그래서 어느 집 제사 음식은 맛있고, 어느 집 제사 음식은 맛이 없다는 것이다. 그런데 일부에서는 이렇게 반만년을 통해 전해 내려오는 제사

풍속을 미신이고 우상숭배라고 말하기도 하는데, 뭘 모르고 하는 소리다. 우리 선조들이 할 일 없고 이유도 없이 제사를 지내고 성묘를 하겠는가?

제사의 의미가 무엇인지, 영혼을 모시는 것이 무엇인지, 효(孝)를 행하는 것이 무엇인지도 모른 채 점점 형식에 치우치는 현실 이 안타까울 따름이다.

이제 당신도 누가 잘 갔는가, 누가 못 갔는가를 알 수 있게 되었다. 그리고 잘 보내드린 후에는 쓰던 맛이 달고 부드럽게 바뀌어야 한다는 것이다. 맛이 좋아지지 않으면 거짓말이다.

오후 5시가 되어 천도재를 끝내고 다시 기자들에게 술맛을 보게 하였다. 술맛을 본 그들의 반응은 천도재 전과 달리 무척 신기해하는 표정이었다. 그야말로 그들의 얼굴은, '세상에 어떻게 이런 일이?'였다.

세상이 그렇고, 현세를 살아가는 사람들이 그렇다. 자기만 아는 이기주의가 아집이라면, 이 현세만 아는 것은 무지이고, 자기 자신이 무지하다는 걸 모르는 것이야말로 무식이다. 그걸 똑똑한 지식인들이 모른다.

그러나 어이하랴.

이 현세를 살아가는 불행한 사람들은 귀 기울이려 하지 않는 것을. 참담한 나를 찾아오는 불행한 살인자들에 비하면 그나마 다행이라고 말해주기를 바라는 건지도 모른다.

전화를 걸어온 불행한 살인자의 목소리가 정중하게 말한다.

"내일 찾아가 직접 뵈어도 괜찮을는지요?"

"기다릴 테니 오세요."

나는 거부하지 못하고 또 수락하고 만다.

■ 천도와 발복

살인자가 찾아왔다. 여자다. 내 앞에 앉기 무섭게 살인자는 자기 좀 살려달라고 절박한 목소리로 말한다.

살인자는 자기가 살해한 생명들이 다름 아닌 자기 안에서 똑같이 절박하게 외치며 애원하였다는 걸 모른다. 아니 알면서도 모른 체 하기로 자기 자신과의 공모로 죄를 합리화한 거다. 이건 미필적고의(未必的故意)야,라고.

그래요. 이건 우리의 미필적고의죠,라고. 동조한 살인자의 공범이 집게를 살인자의 자궁 깊숙이 밀어 넣어 세상으로 나올 준비 중인 생명을 옴짝달싹 못 하게 잡아 강제로 끄집어내기 시작한다. 생명은 공포에 질려 울부짖으며 집게의 강한 완력으로부터 이리저리 피하며 도망치다 지쳐서 덫에 걸린 고통으로 울기만 한다.

살인자의 공범은 집게로 단단히 조인 생명을 기계톱을 이용해 찢고, 박살 내고, 으깨고, 긁어낸다. 그리고 끝. 살인이 끝나고 생명체의 갈가리 찢긴 핏덩어리와 살점들이 비닐봉지에 담긴다. 짧은 시간에 간단히 쓰레기가 된 생명. 성공입니다. 공범이 결과를 살인자에게 보고한다. 그러나 종료된 줄 아는 상황은 새로운 저주의 시작이라는 걸 살인자와 공범은 모른다.

"그야말로 갑작스런 날벼락이에요. 유방암과 자궁암이 동시에 진행 중이라니…"

살인자는 자신의 병을 믿지 못하겠다는 투로 말한다.

"그럴 수밖에. 세 번씩이나 살인하고도 편안히 살기를 바랐습니까?"

내 말에 화들짝 놀란 살인자의 얼굴이 분노로 날을 세운다.

"이보세요, 그런 말 마세요. 저란 인간은 파리나 모기 한 마리는 고사하고 지렁이 하나 못 죽이는 성격이에요. 저처럼 선하게 살아온 사람 있으면 나와 보라고 하세요."

"나와 보라고 할 처지가 아니신데, 나와 보긴 뭘 나와 보라는 겁니까?"

"그럼 들어와 보라고 해야 하나요?"

"이미 늦은 걸 어쩌려고요?"

"쳇, 살려주기 싫으신 거죠? 처음부터 가짜였던 거 아닌가 모르겠네요? 그런 의심이 드네요?"

"그러시다면 그냥 조용히 가세요."

"칫, 다 죽게 되어 찾아온 사람한테 느닷없이 살인자라니… 그렇게 막말을 하고도 괜찮을 줄 아세요?

"살인했잖아요, 낙태 세 번."

말장난처럼 이어지던 대화가 뚝 멈추어지고, 여자의 파랗게 질린 얼굴이 굳어 점차 창백해진다. 그리고 눈물을 흘리는가 싶더니, 통곡하며 상체를 털썩 내 앞으로 떨군다.

"아이고오, 도사님… 저 좀 살려주세요!"

애간장이 녹아든 떨리는 목소리가 흐느낌과 통곡으로 바뀐다. 그야말로 블랙코미디가 따로 없지 싶은 상황이다.

"이제 알았으니 그만 진정하시고 마음부터 단단히 챙기세요. 자기의 죄를 깨달았으니 이제부터는 죄에 대한 벌을 받게 된 원인을 깨달아 원한으로 구천을 떠도는 영들이 좋은 곳으로 갈 수 있도록 해주세요."

여자는 자기가 한 세 번의 살인으로 인한 결과를 비로소 깨달았음인가, 오열한다. 그런 살인자가 측은하여 나의 냉담이 연민으로 바뀐다.

“내 말을 믿으세요. 앞으로 유방암, 자궁암이 호전될 거예요. 하지만 암이 사라진다는 보장도 확신도 보살님께서 하시는 겁니다. 저는 다만 도와드리는 것뿐…”

살인자인 여자는 눈물을 손수건으로 닦아내며 머리를 끄덕이지만, 아직도 모르는 게 있다.

■ 조상과 후손은 필요충분조건에 의해서 공존공생

—조상과 후손은 어떤 관계일까?

죽음으로 끝나는, 그 이후에는 서로 아무 상관 없는 남남인 것일까? 그렇지 않다. 조상과 후손은 한 에너지(氣)로 연결되어 있다. 이 에너지는 파장을 일으켜 반응하려는 작용을 하는데, 상대는 자신과 유전인자가 똑같은 후손이다. 마치 방송국의 주파수와 라디오나 TV 채널은 같은 주파수(전자 파장)끼리만 송·수신이 가능하듯이 조상도 동일한 유전인자를 가진 자손에게만 파장으로 작용한다. 이를 동기감응이라고 한다.

이렇게 유전자(DNA)가 동일한 조상과 후손은 서로 영파를 주고받는다. 이 영파의 영향으로 인해 싫든 좋든 파장을 전달해 준다. 다시 말하면, 조상과 후손은 서로가 필요충분조건에 의해서 공존·공생하는 게 신도(神道)의 법칙이다.

"조상이 구천에서 헤매거나 편치가 않으면 후손도 자기 갈 길을 제대로 찾아가지 못하는 한편 모든 일이 엉켜서 제대로 풀어지지 않습니다."

이 말이 가슴 속에 와 닿은 사람이 몇 명이나 될까?

이 말이 실감(實感) 되지 않으니 이해를 못 하는 것이다. 세상을 살아가면서 배울 건 많지만, 그 많은 것들을 다 배울 수는 없지만, 그 지식들 가운데 무엇보다 중요한 조상과 후손의 관계를 필연적으로 알아야 한다. 조상은 후손을 발판 삼아 잘되는 길이 열리는 것이며, 후손도 조상의 도움을 받아야만 크게 성공할 수가 있다.

반대로 조상을 우상숭배라 여기고 박대하는 사람치고 잘되는 사람 없고, 조상도 자기를 잘 받들어 모신 사람한테 운(運)을 열어준다. 서로가 기브 앤 테이크(give and take)하는 거다. 수백 년간 명문가문을 유지 계승해 온 비법도 여기에 있기 때문에 가능한 것이다.

이렇게 서로가 공조(洪助) 관계를 맺기 때문에 돌아가신 조상님의 좋은 곳에서 편안한 안착이 대단히 중요하다. 특히, 사대부 명문 집안이 수백 년간 계승 유지할 수 있었던 것도 그 집안의 장손들에게만 대대로 내려오는 비법이 있기에, 못 가신 조상님들은 필히 영혼 감정을 해서 좋은 곳으로 안착했기에 가능한 것이다. 그렇지 않았다면 그 집안들도 다 무너졌을 것이다.

못 가신 조상님들은 자손들이 많은 정성과 공을 들여야만 편안해질 수 있으며, 잘 가신 조상님들은 자손들이 많은 공양을 올리게 되면 그 단계에서 한 단계씩 올라가게 되어 그 집안의 파워가 모아져 그 후손들에게 더 많은 음덕을 베풀어 운을 띄워 주게 되는 것이다.

그러니 자신의 집안을 명문 집안으로 만들고 싶다면 먼저 못 가신 조상님이 계신가부터 찾아내어 보내드린 후 집안이 발복하게끔 공양을 드리는 게 순서다. 그렇기에 우리는 조상의 영혼을 편안히 모시고자 수많은 조상님 중 한 분이라도 못 가신 영혼이 계시다면, 그것이 우리에게 좋지 않은 일들로 나타나기 때문에 우리는 다시 한번 누구의 말도 믿지 말고, 조상님의 안위를 정확한 영혼 감정을 통하여 확인해 보아야 한다.

■ 천도와 발복(發福)이란

1천도라 하면 대부분이 '조상님을 극락왕생 시킨다'는 말로 이해하는데, 본래의 의미는 '탁한 기운을 맑게 정화 시킨다'는 뜻이다. 본래 영가천도의 원리는 조상님의 나쁜 기운을 좋게 바꾸어주는 것인데, 안 바뀌면 거짓이다.

조상님이 가지고 있는 탁한 기운을 정화시키고, 후손이 가지고 있는 탁한 기운을 정화시키면 아프던 몸이 호전되어야 하며, 또한 마음이 편안하고 안정이 된다는 것을 느끼고 머리가 맑아져 피로감이 없어지는 등 의식에 많은 변화가 찾아들게 된다. 어느 누구도 이러한 영가천도 원리를 모르고 있기에 많은 사람이 가짜 천도를 하는 것이다. 진짜 천도를 하면 우리 눈으로 확인할 수 있다.

묘 앞이나 집에서 지방을 쓰던지, 영정을 모셔 놓고 못 가신 조상님을 위한 진짜 천도가 되면 기운이 바뀐다. 이렇게 진짜 천도 비법으로 좋은 곳으로 보내드리면 영혼의 속도는 빛의 속도보다 빠르기 때문에 바로 후손에게 반응이 오게 되어있다. 그렇기에 천도 전과 후의 변화를 직접 눈으로 확인할 수 있다. 누누이 말했기에 확인 방법은 알 것이다. 조상의 천도가 됐다는 것은, 이런 변화가 바로 나타나는 것은 곧 발복(發福)이 시작된 것이며, 운(運)을 열어주는 첫 번째 신호이다.

영가천도, 천도재 등 돌아가신 분을 좋은 곳으로 보내드린다는 것은 대부분 잘 알고 있지만, 천도의 본래 의미 즉, 진짜 천도에 대해 아는 사람은 드물다. 어찌 보면 진짜 천도라는 게 어떤 것인지 모르고 가짜 천도에 하도 속아 천도하면 다 가짜이고 속는다는 인식이 박혀 있어서 분명 진짜 천도가 있는데도 불구하고 진짜와 가짜의 차이를 우리들이 잘 모르므로 속는 것이다. 심지어 인터넷이나 영가천도 관련 책들이 아무나 '집에서 자신이 기도를 하면 천도가 된다'고 하도 떠들어대니 사람들은 자신의 기도 또는 공덕으로도 천도를 해줄 수 있다고 믿고 있지만, 실상은 천도가 제대로 되지 않는다.

또한 절에서 했던, 무속인에게 했던, 천도만 하면 조상님들께서 다 잘 가신 줄 알고 있고, 천도가 잘됐는지, 안됐는지 확인할 방법이 없으니 무조건 그들의 말을 믿는 것이 일반적이다. 따라서 일반 퇴마사들은 천도한다고 말을 하지 않고 기(氣)치료나 귀신을 쫓아낸다고 하지 천도란 말은 쓰지 않고 그냥 멀리 보내준다고만 말한다. 그 이유는, 그들은 천도 능력이 없기 때문이다. 실상이 이렇기에 어떤 것이 진짜 천도이고, 가짜 천도인지 우리 일반 사람들은 모른다.

대부분의 무속인이나 스님들은 아무런 말도 하지 않고, 천도 후에 조상님들이 잘 가셨는지 증명하지도 해주지도 못하면서 조상님들이 잘못됐느니 어쩌느니 겁을 주며 천도를 해줘야 한다고 말한다. 어느 분이 잘 가시고 못 가셨는지조차 구분도 못 하는 영능력자, 스님, 무당 본인들에게 잘못이 있다. 그런 잘못이 있어도 밥벌이로 자신의 잘못은 생각하지 않고 천도를 하도록 강요하는데, 천도하는 당사자 입장에서는 하는 일이 잘 풀리도록 하고자 지푸라기 잡는 심정으로 그들의 말을 따를 수밖에 없다.

■ 천도 능력도 없는 자가 돈이나 받아먹고 웃을지라도

세상에 공짜는 없기에 받은 만큼 대가를 치르게 되어있는 것이 대자연의 섭리이다. 그렇기에 가짜수행자들의 말년은 중풍에 걸렸느니, 불치병으로 고생한다느니, 입에서 입으로 소문이 나게 되어있다.

요즘 대부분 많은 불자님들은 경제상황도 어렵고 많은 경비도 드니 싼값에 몇만 원이면 되는 줄 알고 합동 천도재를 올리는 분들도 많다. 언제부터 그런 천도재가 생겨났는지 절에서 스님들이 해마다 하자고 하니 아무것도 모르고 백중 영가천도재를 지내면 천도가 되는 줄 아는 분들이 많다. 이런 경우 천도라도 잘 됐으면 다행이지만 백날 해봐야 천도가 안 되니 이것이 큰 문제이다.

■ 돌아가신 조상님들은 환히 보고 계시다

돌아가신 조상님들은 이쪽 생활 즉, 이승에서 일어나는 일들을 유리창 넘어 보듯 환히 보고 계시다. 대개 못 가신 조상님들은 처음에는 꿈에 말없이 나타나시는데, 그런 경우 꿈으로만 생각하지 말고 조상님의 영혼이 찾아오셨다고 생각해야 한다. 꿈으로 메시지를 보내도 못 알아들으면 조상님은 강도를 더 강화시켜 후손의 집안에 우환이 들끓게 하는 방법을 쓰고 그것이 어떤 사고를 유발시키고,몸을 아프게 하거나, 가정불화를 만들고, 자녀 문제를 일으키며, 잘 나가던 사업도 어렵게 만들고, 있던 재산도 탕진하게 만드는 등 온갖 장애를 일으켜서 자신의 존재를 알아달라고 신호(영파)를 보낸다.

■ 이 구조의 요청은 두 가지 의미를 담고 있다

—첫째: 영계에서 제대로 안착하지 못해서 힘들기 때문에 도움을 구하는 의미.

—둘째: 영계에서 일정한 위치에 있지만 좀 더 높은 경지에 올라가기 위한 요청의 의미.

만약 이러한 사인을 무시해버리면 영파의 수위가 더욱 올라가게 되어 사인을 보내도 못 알아듣고, 그에 따르지 않으면 결국 조상의 입장에서는 후손에게서 등을 돌려 버린다. 그렇게 되면 결국 집안이 마구 뒤집어지게 되고, 일명 콩가루 집안이 되는 것이며, 이것이 바로 조상이 벌을 내리는 것으로 보면 틀림없다.

반대로, 좋은 일을 많이 하면 상을 주거나 인센티브를 주는 것과 같다. 영계에서도 후손들이 조상을 높이 모시고 제대로 받들어 정성을 들이면 후손들과 함께 공생하여 후손이 잘되게 도움을 많이 준다.

이렇듯 조상의 사인은 뿌리의 존재를 알리기 위한 메시지며 후손들을 보다 더 강하게 키우기 위한 담금질로 볼 수 있고, 그렇게 함으로써 조상이 더 높은 경지에 들게 되면 자연히 그 후손도 크게 발복을 받게 된다.

■ 진짜 천도를 하게 되면

앞에서 말했듯 머리가 맑아지고, 피로감이 없어지며, 아팠던 몸이 호전되고, 꼬이던 일이 풀리게 되는데 거짓말 같을 것이다. 그런데 사실이다. 이게 진짜 천도만의 파워요, 위력이다. 많은 사람이 천도를 하였고, 한다고들 하였는데, 제대로 조상님들을 보내주신 사람은 없다. 왜? 진짜 비법이 없기 때문에 그렇다.

그러므로 천도는 아무나 하는 게 아닌데도 불구하고, 비법도 없는 가짜 영능력자들은 천도 후 이렇게 말한다.

"죄와 업장이 너무 심해 한두 번 가지고는 안 되며, 여러 번 해야 합니다. 그리고 100일 1000일을 잡고 기도하셔야 조상님들께서 좋은 곳으로 가시고 편안해지는 것입니다."

이런 방편과 말들은 진짜 비법이 없기 때문에 아무것도 모르는 우리들은 그저 속고 마는 것이다. 진짜 비법의 천도는 평생 단 한 번 하면 되는 것이다. 또한 진짜 천도를 하게 되면 바로 반응이 오게 되어있다. 이것은 기운이 정화되어 기운이 바뀌었기 때문이다.

■ 진짜 천도의 비법은 이것이다

기운이 바뀌는 것, 이게 안 바뀌면 천도가 안 된 것이며 속은 거다. 조상님들 중 잘 가신 분은 천도해 드릴 필요가 없지만 못 가신 분은 반드시 찾아내어 천도재를 지내드려야 한다. 천도라는 것은 영리를 목적으로 해서도 안 되는 것이며, 더욱이 조상님의 영혼을 가지고 거짓말하면 죄 받는다.

■ 진짜 천도하는 방식과 발복(運)

천도의 본래 의미는 영혼의 기운을 정화시켜 주는 것이라고 했다. 그럼 진짜 천도는 어떻게 하는지를 살펴보면, 본인의 이름과 사진과 주소를 보고(생년월일은 필요 없음), 집안의 5대조까지의 조상님들의 안부를 점검한다. 잘 가신 분과 못 가신 분을 찾아내고 상담자에게 실험을 통하여 알려드리고 잘 가신 분은 천도하여 드릴 것이 없고, 못 가신 분들만 천도하여 드린다.

■ 여기서 중요한 것은

결혼한 여자라면 남편의 조상을 찾아서 천도해야지 친정하고는 아무런 관계가 없고 또한 여자가 남편과 사별을 하였든, 이혼을 하고 재혼을 하였든, 첫 번째 남편 집안의 후손이라는 것을 알아야 한다. 그 이유는 여자들은 천기에서 볼 때 첫 남편한테 입적이 되어있기 때문이다. 이것은 아주 중요한 부분이다. 그리고 본인에게 원귀가 얼마나 있는가? 원귀를 찾아서 천도하여 드리고 본인이 생활하는 터를 사진과 주소를 보고 터의 원귀를 찾아 천도해야 한다.(즉 집, 사무실, 병원의 병실 등)

영혼의 속도는 빛의 속도보다 빠르기 때문에 천도 후에는 본인은 머리가 맑아지고, 피로가 없어지고, 눈이 초롱초롱해지는 변화가 오기 시작하는 것이 첫 번째 단계이다.

우리나라에 많은 수행자들이 천도를 하는데 왜 무엇 때문에 효과가 없고, 사이비로 전락하는 것일까? 오늘도 수많은 사람이 조상의 천도를 하기 위하여 효를 행하는데, 바로 비법의 차이점이다.

■ 천당에 갔다는 것을 무엇으로 입증할 수 있을까?

기도하면 무조건적으로 천당(극락세계)을 갔다고 생각하는 것은 마음에 위안이 될 수는 있을지언정 천당에 갔다는 것을 그 무엇으로도 입증할 수 없다. 오직 효 학문에 있어서의 천도만이 그것을 증명하여 보이며, 느끼고, 확인할 수 있다.

부모보다 자식 먼저 챙기는 게 당연한 이치(理致)인 양 여겨지는 인간 사회가 되었다. 현대인들은 자신의 부모 역시 자기와 똑같은 마음으로 자식을 사랑하시고 계시다는 것을 잊은 채 살아가는 듯하다. 무슨 변명이 필요하겠는가. 그런 까닭에 낙태를 아무렇지 않게 생각한다. 효와 자식 사랑의 관계만큼이나 임신과 낙태의 관계 역시 중요함을 잊고 살아간다.

'효를 교육한다'고 하지만 진정한 효에 대해서 알고 있는 사람은 적고, 자식 사랑에 대해서 필설(筆舌)로 되풀이하지만 진정으로 자식 사랑에 대해서 아는 사람은 드물다. 그러한데 어찌 부모님과 자식에 대한 사랑의 뿌리인 효에 숨은 깊은 이치를 알겠으며, 이치에의 본질인 신(神)의 마음, 그 사랑의 숨은 뜻을 알겠는가.

부처의 자비와 예수의 사랑이 한갓 사랑으로만 회자되고 끝인 줄로만 아는 이 세상에서 그 어떤 기적인들 가능할 수 있으며, 기적인들 믿을 것이며, 사탄이나 아수라의 괴이한 능력쯤으로 폄하, 곡해, 터부하지 않겠는가.

예의 그 살인자가 다시 찾아왔다.

겉으로 보기에도 전과 달리 매우 건강해진 모습이다.

"그간 잘 지내셨습니까?"

"네. 천도재를 지낸 덕분에 몸이 많이 좋아졌어요. 늘 아프던 머리가 맑아지고 무겁던 몸도 한결 가벼워졌고요. 정말 기적이에요. 병원에 가서 확인해보기가 두렵고 무서워서 못 가고 있긴 하지만…"

여자는 진심으로 감사하다는 말을 거듭했다.

"그러지 마시고 병원에 가서 검진받아보세요. 저한테는 엑스레이도, 그 어떤 기계도 없이 확인해드릴 수가 없으니."

내 말에 여자는 웃음을 터뜨렸다. 그리고 며칠 후 여자가 전화를 걸어왔다.

"정말 신이세요!"

수화기에서 외친 여자는 이내 울음 섞인 음성으로 말하고 있었다. 병원에 가서 검진받아 본 결과, 거짓말처럼 암세포들이 사라지고 없다는 거였다. 여자는 그렇게 사형수의 처지에서 자유인으로 돌아와 있었다.

문제는, 천국에서 멀어지는 사람들이다.

현대 종교는 천국과 극락을 말하고 희원하지만, 사실상 천국과 극락을 상실해가고 있다. 단지 막연하게 천국과 극락을 전파하는 그들은 정작 모르고 있으며, 믿지 않고 있는 것은 아닌지 하는 회의가 사람들로 하여금 종교로부터 멀어지게 하고 있음을, 종교 자신은 아는지 모르는지….

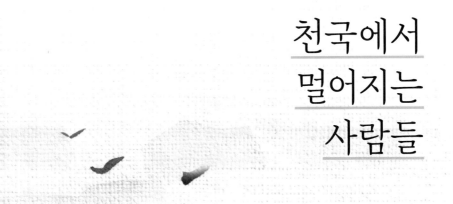

천국에서 멀어지는 사람들

■ 천국에서 멀어지는 사람들

—현대 종교가 상실한 세계, 그들도 모르는 현상과 실체

아아, 애달프다.

제 뿌리를 자른 사람들,

뿌리 없는 효가 어디 있으며,

효 없는 종교가 어찌 사람을 천국으로 인도하리요.

하물며 제 뿌리고 제 부모를

잘라버린 종교의 뿌리는 없구나.

구름의 뿌리는 비요,

샘물의 뿌리는 지하의 강이요,

강의 뿌리요, 부모는 바다이거늘….

적막강산

-일파 합장

신을 안다 말하면서
저는 모르는 자기

귀신이 신(神) 행세하는 이승
귀신이 내쫓는 귀신

여기 구천이고 구천이 여기
가짜가 판치는 이승
제 욕망만 쫓아 행하면서
善業 모르는 業報

적막강산

제 안 이승이 제 밖 저승길

■ 천도와 효심
—죽은 자식 불알 만지기

이상하지 않은가. 배울 만큼 배운 사람이, 가질 만큼 가진 사람이,높을 만큼 높은 사람이, 누릴 만큼 누리는 사람이, 어린아이가 욕망하지 않는 종교를 욕망하다니. 사이비 종교에 빠져 죽은 자식 불알 만지기 하는 것과 다름없는 수고에 자기의 전부를 걸다니. 딸깍, 부러지는, 죽은 자식 불알 만지기 하여 불가(佛家)에 한 이야기 전해오니, 다름 아닌 득도(得道)를 위한 검증이라.

오랜 세월 도(道) 닦은 큰스님이 아궁이에 불을 지피고 솥 안의 물에 차돌 하나 넣었더라. 그걸 옆에서 지켜보던 코흘리개 동자승이 묻기를 "큰스님, 뭐 하시는 것이옵니까?" 묻는 동자승에게 큰스님 말씀하시기를 "만약 이 돌이 익으면 내가 득도의 경지에 들었다는 것이요, 익지 않으면 계속해서 더 전념하라는 뜻이니라".

그러자 코흘리개 동자승이 차돌 하나 주워 와 같이 넣어 달라 하여, "고놈, 참 당돌하도다." 껄껄 웃으신 큰스님 코흘리개 동자 승의 돌도 함께 넣어 삶기 시작하였더라. 시간이 되었다 싶어 솥뚜껑을 열어보니, 아니 이게 어찌된 일인가. 큰스님의 돌은 그대로인데 코흘리개 동자승의 차돌만 말랑말랑 익어 있더라….

무욕(無慾)이 곧 득도인 것이라는 응답이렷다.

그러나 욕심에서 자유롭지 못한 사람들. 제 욕심으로 자기 자신을 속이는 줄 까맣게 잊고 불로 뛰어드는 나방과도 같이 사이비 종교에 자기를 던져 넣어 갇힌 채 탄다. 타 죽는 것도 모른 채 갇혀 세뇌당한 혼으로 천국에의 욕망만 바람 풍선처럼 부풀리다. 팡!

그는 자기 안에서 무엇인가 터지는 소리를 듣고 화들짝 놀라 벌떡 몸을 일으켰다. 분명 환청은 아니었다. 무엇이 내 안에서 터졌나. 불을 켜고 제 몸을 살펴보았다. 멀쩡했다. 한숨을 내쉬던 그는 어이쿠! 탄식을 터뜨렸다. 내 영혼이 터졌다! 쓰러져 뒹구는 그를 지켜보던 아내가 기어이 한마디 뱉어댔다.

“자다 말고 당신 지금 뭐 하는 거야?”

그는 아내에게 혼잣말 투로 중얼거렸다.

“터졌어, 내가…”

그의 말에 아내도 혼잣말 투로 구시렁거렸다.

“잠자다 말고 아닌 밤중에 웬 귀신 씻나락 까먹는 소리야!”

깊은 밤, 블랙코미디.

그는 그 일을 그렇게 정의했다. 그 일이란 그날 교회에

서 있었

던 일을 두고 하는 말이다.

목사님께 그간의 고민을 상담했다.

"요 근래 어머님이 꿈에 매일이다시피 나타나셔서 서럽게 우시고, 그런 날이면 마음이 꺼림칙하고, 덩달아 하는 일도 잘 안 풀립니다. 목사님 어찌해야 합니까?"

하여 목사님이 그를 위해 기도하여 주신 끝에 외치신 말씀.

"이 못된 귀신아, 당장 물러가라!"

목사님의 기도에 감사하는 마음이긴 했으나, 왠지 여전히 꺼림칙한 정체는 뭔가? 잠자리에 드러누워 생각하다가… '그렇다면 뭐야, 내 어머니가 못된 귀신이라는 거 아니냐….' 그는 너무 놀라 벌떡 일어났다는 이야기.

한밤중의 블랙코미디.

"사이비 종교집단도 아니고 도대체 이 무슨 짓거린지 원…. 알다가도 모르겠습니다. 그렇다고 돈 때문에 하는 기업은 더 더욱 아닌데 말이죠."

그의 말에 나는 마치 쓸개를 삼켰을 때처럼 속에서 올라오는 쓴웃음을 참으며 천천히 말했다.

"그래서 목사님께 많이 서운하셨겠습니다? 어머니를 못된 귀신이라 하였으니. 하지만 아주 틀린 말은 아닙니다. 영계에서 구천을 떠도시는 분들은 좋은 곳으로 못 가신 분들이시니까요. 다만 문제는 어머니를 무조건 쫓는 게 아니라 좋은 곳으로 보내드릴 수 있는 능력이 있고 없는 차이일 테지요."

"그럼 제 어머니를 천당에 보내드릴 수 있을는지요?"

그는 그제야 안도의 한숨을 토하고 말했다.

"물론입니다. 한시도 지체하지 말고 빨리 어머님을 천당으로 인도해 드려야지요."

내 말에 환히 웃는 그의 눈에 효자의 마음을 적시는 물기가 어렸다. 삼라만상(三羅萬像)이 다 하느님이고 부처님이고 너이면서 나이기도 한 것. 또한 우주 밖의 세상도 존재하며 모든 인간은 형제이며 부모 형제도 될 수가 있는 것이다. 사람의 영혼은 절대로 없어지지 않으며, 그 사람이 지은 악행이든 선행이든 반드시 과보를 받게 되어있다. 또한 천도재를 하는 것은 조상님과 사랑하는 부모님을 편안하고 좋은 곳으로 보내드리는 것으로 하루속히 편안하신 곳으로 보내드려야 한다.

자기들만의 방식으로(기도, 연도, 절에서는 목탁을 두드리고) 그저 장례만 치러준다고 해서 그 영혼들이 좋은 곳으로 가는 것이 절대 아니다. 하지만 장례를 치른 뒤 꼭 그런 말을 한다.

"삼가 고인의 명복을 빌며 고인들이 좋은 곳으로 가셨습니다."

과연 고인이 정말 좋은 곳으로 가셨을까?

무슨 근거로 그들이 잘 가셨는지를 확인시켜 줄 것인가?

아무런 비법도 없으며, 그저 기도하고 목탁 두드리고, 참으로 한심하기 짝이 없다. 지금까지의 천도는 알든 모르든 잘못된 천도인 것만은 사실이다. 하지만 천도 후에는 반드시 머리가 맑아지고 몸이 가볍고 스트레스와 액운이 사라지는 몸의 변화가 찾아오게 된다. 이것이 바로 진짜 천도인 것이며, 효 학문만이 할 수 있는 영혼 철학 학문의 비법 중 하나인 것이다.

■ 천도는 효심(孝心) 이며 사랑에서 발심(發心)되는 것

천도⇒ 발복⇒ 제사라 하는 것은 불교라는 하나의 종교적 의식이 아니라는 사실을 알아야 한다. 자신의 조상에 대한 예의는 동서양을 막론하고 행해졌으며 다만 서양문화와 동양문화라는 차이로 다를 뿐이다.

서양에서 들어온 기독교는 동양의 제사 문화에 대해 이해하지 못한 결과 조상에 대한 절을 아주 끔찍이 싫어하는 것이다. 천주교의 경우도 마찬가지였다. 천주교 또한 처음에는 우상숭배라 하여 제사를 지내지 않다가 제사의 진정한 의미를 알고 제사를 허용하도록 만든 것이다.

다만 천주교보다 늦게 들어온 개신교가 우상숭배라 하여 현재도 제사를 허락하지 않고 있을 뿐, 각 종교에 있어서 각 나라마다 오래전부터 어떤 형식으로든 전통적으로 제사를 지내왔다. 우리나라는 제사 문화가 조선시대 이후로 유교와 접목되면서 좀 더 체계화되고 도덕적으로 변화하게 된 것이다.

삼국시대부터 불교가 들어온 이후 이러한 민족신앙과 제사 형태를 불교의 세계 속에 포섭시킨 결과로 지금 불교의 의식 중 하나로 인정했다. 그러니만큼 제사를 극진히 모시고, 더 나아가 천도재나 49재를 하여 돌아가신 영혼을 달래는 것이다.

■ 죽은 자의 영혼에 대한 올바른 인도를 행하게 되는 것이다

보통 일반인들은 선과 악의 업을 적당히 반반씩 골고루 지으며 스스로 자신이 지어놓은 업대로 길을 선택하게 된다. 그 선택 되는 과정은 숨이 끊어지자마자 바로 가는 경우 지나치게 선행(善行)의 사람들과 지나치게 악행(惡行)의 사람들이 바로 다음 생을 결정하고, 그다음 7일 후, 14일 후, 21일 후, 28일 후, 32일 후, 49일로 하여 일주일마다 다음 세상의 갈 곳을 결정받는 것, 그것이 바로 49재인 것이다.

그런데 여기서 비명횡사한 사람이나 49일이 지나도 나음 생을 못 받은 영혼을 가리켜 귀신(원귀)이라 하여 무서워하곤 하는데, 이분들 또한 천도를 받아야 할 불쌍한 고혼(孤魂)인 것이다. 사람 몸을 잃은 영혼이 49일 안에 자신의 평생 지은 업력에 따라 다음 생을 받아야 하는데 마땅히 갈 곳으로 가지 못하고 살아있는 자손이나 인척들이나 혹은 엉뚱한 곳에 머물면서 영파(靈波)를 보낸다. 그러면 살아있는 자손들에게 좋지 않은 영향이 미치게 되기 때문에 꼭 천도를 지내드려 좋은 곳으로 가실 수 있도록 해야 하는 것이다.

죽은 자의 영혼(부모님이나 조상분들의 죽음도 포함)도 모두 같은 맥락에서 생과 사는 따로 구분되어 있는 것이 아니다. 서로 연결되어 있어 산 자로서 또 큰 복록을 얻기 위해 죽은 자의 영혼을 달래주는 것은 당연한 효(孝)가 되는 것이다. 따라서 어느 나라, 어느 지역이든지 저마다 죽은 자에 대한 각자의 방식이 있다고 하지만 진짜 천도를 행하지 않고는 저마다 다른 조상에게 미치는 영향은 너무나 크게 작용할 것이다.

이처럼 개인의 마음이 어떠하냐에 따라 그 행동이 천차만별이 된다고는 한다. 하지만 모두가 혼자 태어날 수 없듯이 나의 부모님, 조상님에 대한 예의와 고마움으로 당연히 효를 행하여야 할 것이다. 자기에게 의지하고 믿음으로써 그 속에 숨어 있는 진정한 자신의 아름다운 모습으로 모든 사람이 불쌍한 이웃들에게 효를 베푸는 마음과 바람을 가져야 한다.

아아, 애달프다.

제 뿌리를 자른 사람들(요즘은 개들도 족보가 있다던데), 뿌리 없는 효가 어디 있으며, 효(孝) 없는 종교가 어찌 사람을 천국으로 인도하리요(요즘 사람들은 개도 장례를 치러주고 기일에 제사를 지내준다던데), 하물며 제 뿌리고 제 부모를 잘라버린 종교는 뭐란 말인가. 구름의 뿌리는 비요, 샘물의 뿌리는 지하의 강이요, 부모는 바다이거늘….

솥의 물에 돌멩이를 넣어 쪄보리니, 아이야 너도 네 마음 넣어 보라. 내 마음은 돌처럼 익지 않을지라도 너의 마음은 이미 말랑말랑 익은 상태. 나 이제 더더욱 겸손과 겸허로 살으리.

이 생각에 와 닿는 쓰라린 체험이 있었으니 다름 아닌 이 나라의 두 대기 업인 삼성가와 현대가라….

달라도 너무 다른 지옥과 극락이니라….

만감이 교차하는데 토굴 밖 폭설 속에서 어느새 구슬피 운다.

■ 삼성의 미래를 보다

내가 삼성 측에 들려준 예언을 각 매스컴이 고스란히 나에게 재생하여 들려주고 보여준다. 현재에도 삼성 측은 이렇다 할 큰스님의 도력이 보이지 않는 가운데 비극의 각본대로 이행해 가고 있다.

故 이병철 회장

—부귀영화의 허망, 비극적 업보

-일파 합장

벌레가 스멀스멀
뱀이 스르르
쪼그려 앉은 노인
답답한 마음을 울음으로 달래려는 걸까

마른 나뭇등걸 같은 몸을 힘겹게

두 팔로 안아 웅크리고
흐느껴 우는데 눈물인 양 떨어져 내리는 벌레들
한탄의 차디찬 한숨처럼 온몸을 휘감은 뱀
스멀스멀
스르르

즐거움과 더불어 풍족하였던
이승에서의 그 기상은 보이지 않고
고독과 슬픔만 허기와 더불어 괴로움으로 온몸을 쥔다

자본주의의 진리
물질만능의 신앙
약한 것들과 아부하는 것들이
그의 소유였었던 이승

탐욕에 눈먼 자들, 그들의 수단 방법
거대한 성(城)의 주인
세상의 모든 것이 그의 것이요
그의 소유 아닌 것 없었던 이승
돈으로 못 만들 물질 없고
못 가질 인간 없고 못 이룰 희망 없었던

자본이 곧 진실
욕망이 곧 위선
탐욕과 베풂을 원하는 세상에
풍요를 주었던 그의 능력

아부로 비굴히 굽실거리던 인간들과
하등의 다를 게 없는 처지로 전락한
저승에서 후회하고 한탄해 본들 무슨 소용이랴만…

자신의 업보(業報)를 알아 자손들이
천도해 주기를 간절히 바랄 뿐

이곳에서는 모든 영들이 평등
업보에 따라 좋은 곳과 나쁜 곳으로 가는 영계(靈界)
원한에 차 죽은 이들이 뺨따귀를 때려도 할 말이 없고
돌팔매질 당해도 피할 곳 없으며
욕설을 들어도 귀를 막을 수 없고

따돌림을 당해도 하소연할 대상 없으며
괴로움에 몸부림쳐도 위로해주는 영(靈)이 없다
그저 숨을 곳을 찾기에 급급

이승에서의 업보를 참회하며
자신의 처지를 자손들이 알아
도와주기만을 바라고 바랄 뿐

이제 이곳에서 지옥으로 떨어지는
일만은 면하게 하여주기를 간곡히 원하고 원하느니…

가련한 처지여…

이승에서의 호화호식은 한낱 물거품
모래바람 같은 것이었을 따름…

벌레가 스멀스멀
뱀이 스르르
회한에 휘감긴 노인
힘겨운 고통으로부터 혼을 추스르려는 걸까

여기저기 찢어진 곳을 두 팔로 감싸 끌어안고
만지는 상처마다 피고름
쓸어내리면 묻어나는 벌레들

전율의 냉기를 옥죄어 휘감은 뱀

스멀스멀

스르르

■ 거대한 예언 그리고 비참한 발현

저승의 구천을 떠도는 영은 괴롭고 이승의 무지를 일깨우기 위해 헤매는 나는 슬프다. 세월은 추상(秋霜)이고 현세의 즉물적(卽物的)인 사람들. 영계에서 절규하는 원혼을 모른 채 희로애락(喜怒哀樂) 하는 춤 앞에 나는 예언의 돛을 접어 침묵으로 가라앉는 배. 거친 세파(世波) 그 강도를 더하고, 연일 매스컴은 천재지변과 극악무도한 사건 사고들을 뉴스로 전달한다.

■ 뉴스라고?

미리 아는 자 있어 말하여 주어도 외면하는 사람들. 별에서 찾아오는 외계인에게 관심은 가져도 영계에서 전하는 메시지와 현세를 움직이는 실체를 미신으로만 터부 하는 사람들. 영계와 접속하던 산의 토굴에서 나와 속세의 TV로 접하는 뉴스들 가운데 낯익은 얼굴과 사건에 나는 입을 굳게 다문다. 그가 새로운 뉴스로 세상에 회자 될 때마다 내가 걸어온 지난 세월의 영욕이 그 실체를 드러낸 회한의 깊은 괴로움. 어느덧 십여 년이 훌쩍 그와 내 뒤로 멀어져 버렸다.

나의 예언대로 그는 마치 대본을 따라가는 배우처럼 TV에 등장하고, 그런 그를 지켜보는 나는 다음 비극의 장면을 미리 챙기는 감독과도 같은 기분에 씁쓸하다. 그런데도 그는 대본을 믿지 않는다. 그가 할 수밖에 없는 비극 배우의 대본을 수정해 주고자 하는 나보다 그가 더 신뢰를 얻는 세상 아닌가.

■ 비극의 진화

가끔 퇴보하고 싶을 때가 바로 지금 이 순간이다.

예언이 현실화된 이 시점으로부터 원점으로 도망치고 싶은 고독. 그 자리에는 스승님의 엄중한 꾸지람의 사랑과 제자를 염려하는 냉혹한 진의가 있었다.

"오늘은?"

스승이신 청송선사님의 물음은 그랬다. 굳이 다 듣지 않아도 이미 다 알고 있는 스승만이 던질 수 있는 짧은 물음.

"네. 삼성가의 이병철 회장을 접속하여 보았습니다. 매우 딱한 처지에…"

내 말이 미처 다 끝나기도 전에 스승님은 미리 준비해두신 말의 죽비(竹篦)로 나를 후려치신다.

"공부하는 단계이니 하나에만 얽매이지 말고 넓게 깊이 하도록 하라."

부리부리한 눈으로 내 마음을 꿰뚫어 보고 계신 것이다. 그러함을 알면서도 버릇없이 궁색한 변명으로 나를 합리화하고자 했다.

"스승님의 뜻을 모르는 제자 아니오나, 삼성은 이 나라의 경제를 지탱하고 이끌어갈 중요한 대기업입니다. 따라서 그 장래를 미리 보아야 하고 혹 앞날에 있을지 모를 우환을 미리 알려줌으로써…"

"이놈아, 이 나라를 위해 필요한 기업이 어디 삼성 하나뿐이더냐! 다른 기업들 역시 소중하지 않으냐. 하나에만 집착하는 그 마음이야말로 우환임을 왜 모르느냐!"

이번에도 말이 채 끝나기 전에 스승님의 일갈, 회초리나 몽둥이로 얻어맞은 것보다 더 아프다. 제자의 마음을 꿰뚫는 스승님의 무서운 영력(靈力).

"네놈이 존경하는 그 이병철 회장을 만나보니 어찌하고 있더냐?"

회피하고 싶은 부분을 예리하게 집어내시고 나를 똑바로 응시하신다.

"아… 차마 눈 뜨고는 못 볼… 차라리 보지 않았으면 좋았을 걸 그랬다고 후회하는 중입니다."

더 듣지 않아도 아신다는 듯 표정을 누그러뜨리시고 몸을 일으켜 그대로 토굴 밖으로 나가신다. 그런 스승님의 등 뒤로 끔찍한 광경이 다시 나를 압도한다. 악다구니의 원혼들, 그들에게 둘러싸여 괴로움으로 울며 절규하는 노인, 낯익은, 그래서 도저히 믿기지 않는 지옥도…

■ 그 위에 겹치는 TV의 장면들이 십여 년 전으로 빠르게 되감긴다

스승님으로부터 허락받아 지리산을 내려와 서울에 상경, 삼성그룹 본사를 찾아갔다. 그러나 비서실에서 차단하고 나섰다.

"이건 어디에서 굴러온 거지새끼야?"

그들의 노골적인 욕설과 차가운 눈총을 참으며 나는 찾아온 이유를 회장님께 전해달라고 간청했다.

"지금 고 이병철 회장님께서 구천을 떠돌고 계십니다. 그래서 삼성가의 후손들에게 좋지 않은 영향이 미치고, 앞으로 이건희 회장님의 건강이 매우 위태롭게 될 뿐 아니라 이대로 계속 방치하면 가족들, 집안이 관재구설로 고난을 치르게 됩니다. 무엇보다 회장님의 자식들이 큰 화를 당해야 합니다. 제 말을 믿어주셔야 합니다. 증명해 보이라면 얼마든지 증명해 보이도록 하겠습니다. 미친 사람 취급하지 마시고 꼭 들어주셔야 합니다. 저는 정신병자가 아닙니다."

그러나 나는 비서진들과 경비원들에게 미친놈 취급을 당하며 강제로 삼성본관 밖으로 내동댕이쳐졌다. 그들의 야유와 욕설, 멱살잡이가 내가 얻은 결과의 전부였다.

무엇이 문제인가.

그들은 돈을 보는 눈으로 세상과 나를 보고 들으려 하고, 나는 영계를 접속하는 순수한 마음으로 그들을 보고 들으려 하기 때문인가. 그들에게는 물과 기름 같을 영계와 현세의 상호관계를 설명하여 이해해 주기를 바라는 것 자체가 그야말로 순진한 생각이기 때문인지도 몰랐다. 그러함을 알면서도 달리 이해시킬 방법이 없다. 답답하다. 그렇다고 포기할 수도 해서도 안 되는 일이기에 나는 포기하지 않고 이해해 주기를 바라고 있다. 그런 점에서 TV처럼 정직한 도구도 없지 싶을 때가 있다.

영 접속으로 알게 된 박정희 대통령의 후손들에 대한 우환을 알려주기 위해 육영재단을 찾아갔다. 박지만이 겪어야 할 일들, 약물복용으로 방황하며 교도소에 가게 될 것과 관재구설로 시끄러워질 집안의 불행을 예언해주기 위해서였다.

비서에게 심한 욕설을 듣고, 경비원들에게 모욕을 당했다. 우리 사회의 어려워질 경제, 크고 작은 예언들을 보란 듯이 세월이 흐른 뒤에 생생히 뉴스로 펼쳐 보여준다.

삼성의 내부고발자로 폭로된 비자금 사건, 그림으로 인한 관재구설,삼성가의 정**과 탤런트 고현정의 이혼, 암에 걸린 이건희 회장의 건강 악화, 그의 딸 자살, 아들의 이혼, 그 모든 일을 TV로 접하는 것과 영 접속으로 알게 되는 차이란 무엇인가? TV는 육안으로 볼 수 있고 손으로 만질 수 있으며, 귀로 들을 수 있고, 때에 따라서는 맛을 느끼고, 코로 냄새 맡을 수 있다. 그에 반해 영 접속은 무형(無形)일 뿐만 아니라 애초 불가능 한 일이라는 것. 그러므로 믿지 않는다는 것. 그러나 어이하리. 불가능하게 여겨지는 일이 현세에서 버젓이 일어나고 있음을.

그때 내가 용인에 있는 고 이병철 회장의 묘(墓)를 찾아가던 날이 그랬다.

화창한 봄날, 오월의 눈 부신 햇살과 싱그러운 바람, 만개한 진달래와 개나리, 흐드러진 꽃들과 진초록으로 돋은 잔디와 풀들, 고행으로 지친 내 앞에 펼쳐진 세상 풍경은 그야말로 천국이요, 극락인 까닭에 행복해하는 사람들과 달리 나만 외롭고 나만 슬펐다.

한없이 먼 길, 한없이 깊은 수렁을 건너지 않으면 안 되는 내 운명에 대한 애상과 지친 탓에 그만 포기하고 싶은 심정으로 용인에 도착하여 이병철 회장의 묘로 향하는데 청명한 봄날이 무색하게 눈송이들이 떨어지기 시작했다.

희끗희끗 허공에서 떨어지던 눈이 어쩐 일인지 묘에 가까이 다가갈수록 세찬 눈발로 바뀌더니 이내 폭설을 퍼붓기 시작했다. 마치 내 접근을 거부하듯이 눈발이 시야를 가리고 내 얼굴을 사정없이 때렸다. 예사롭지 않은 기운이 점점 더 강해졌고, 묘에 도착했을 때, 나는 기운이 다 빠져 쓰러질 지경이었다. 서둘러 묘 주위를 돌며 살피고 돌아서서 관리소로 향했다.

내 느닷없는 출현에 놀란 듯 소파에 드러누워 있던 사내가 목만 늘려 얼굴을 치켜세우다 흠칫했다.

"실례합니다. 저는 영혼을 연구하는 수도인으로…"

말이 채 끝나기도 전에 사내가 버럭 소리를 질러댔다.

"너 뭐야 이 새끼, 어디서 굴러온 개뼈다귀야!"

험하게 인상을 구기며 몸을 일으킨 사내는 이내 달려들어 주먹세례라도 할 태세였다. 허긴 내 모습이 가관이었을 것이다. 갑자기 퍼붓는 폭설을 고스란히 맞은 데다 남루한 옷차림, 이 세상과는 전혀 어울리지 않는 모습이 사내의 눈에는 성가신 거지쯤으로만 보였을 거였다. 나는 차분히 찾아온 용건을 말하기 시작했다.

"제가 이곳에 찾아온 이유는 명당에 이병철 회장님을 잘 모시긴 했지만 겉모양이 중요한 게 아니라, 정말 중요한 건 고인께서 좋은 곳으로 잘 가셨는지 하는 것입니다. 하지만 불행하게도 이병철 회장님은 지금 구천을 떠돌고 계십니다. 이대로 방치하면 후손들이 크나큰 화를 면키 어렵고, 뿐만 아니라 이건희 회장님의 건강은 물론 집안이 관재구설로 시끄러워지고, 후손들 중에 이별 수와 죽음이 보이며, 그 우환을 면키 어렵습니다.

만약 내 말을 믿지 못하시겠다면 지금 당장이라도 증명해 보여드릴 수 있습니다. 지금은 삼성이 한국 제1의 그룹이지만 수십 년 후에는 서서히 삼성의 이름을 찾아보기 어렵게 될 것입니다. 제 말이 틀렸다면 저를 어떻게 하셔도 좋습니다. 저는 제 학문에 목숨을 건 사람입니다…"

"뭐? 이게 여기가 어딘 줄 알고 와서 개수작이야! 야, 이 자식 끌어내!"

결국 나는 저항도 못 해본 채 직원들에 의해 밖으로 끌려나왔다. 폭설은 더 세차게 퍼붓고 한 치 앞이 보이지 않는 길을 되돌아가야 하는 내 처지가 서글펐다. 봄날은 봄날이되 폭설의 기상이 변으로 인해 서울로 올라가는 모든 도로가 막혀 있었다. 버스 안의 스피커에서 흘러나오는 라디오의 교통정보가 통제불능이라는 말로 봄의 이상한 징조를 알리고 있었다. 허망함과 탈진 상태에 빠진 나는 속으로 울었다.

그 이후로도 삼성을 찾아간 나는 똑같은 대우를 받았고, 방명록에 사인하라는 말과 윗분에게 보고하겠다는 식상한 말만 되풀이 반복하여 들었다. 그리고 삼성으로부터 받은 통보는 친절한 거부의사였다.

삼성은 자체의 큰 절도 소유하고 있으며, 도력 높은 큰스님이 자문해 주고 계시다. 큰스님의 당부인즉슨, 하루에도 당신 같은 사람이 많이 찾아온다. 그러니 이제 그만 찾아왔으면 좋겠다고 큰스님께서 직접 당부하셨다. 따라서 찾아오는 그 누구의 말도 믿지 않으므로 이후 다시 찾아와 봐야 소용없다는 뜻이었다.

■ 나는 더 이상 찾아가지 않았다

대신 그 이후부터 TV를 통해서 삼성가의 불행을 목도하게 되었다. 이건희 회장의 암 투병과 비자금 사건, 주가조작과 그림으로 인한 관재구설과 자녀의 죽음, 삼성가 측의 정**과 고현정 씨의 이혼, 임** 씨의 위자료 소송까지…

내가 삼성 측에 들려준 예언을 각 매스컴이 고스란히 나에게 재생하여 들려주고 보여주는 현재에도, 삼성 측은 이렇다 할 큰스님의 도력이 보이지 않는 가운데 비극의 각본대로 이행해 가고 있다.

당사자인 삼성만이 아니라 한국의 미래 경제를 염두에 둘 때, 가슴 아프도록 안타깝다. 그나마 다행인 것은 한국의 또 다른 대기업인 현대가로 영계를 드나들며 알게 된 고 정주영 회장의 맑은 기운과 발복(發福)이다.

■ 현대의 미래를 보다
—맑은 기운과 발복

나의 효 학문은 예언을 위해서만 그 쓰임새를 다하기 위해서 있는 게 아니며, 내가 애써 널리 사회에 알리고자 함 또한 신비와 비법만을 전수하고자 해서도 아니다. 그 바탕에는 가장 근원적인 문제이자 목적인 행복한 가정과 국가 만들기에 있다.

故 정주영 회장
—극락으로부터의 맑은 기운, 발복

-일파 합장

강직한 성품의 위인(偉人)을 만나기 위해
영계(靈界)에 접속하니
위인의 영은 모습을 보여주지 않고
다만 맑은 기운만 나온다

하늘의 산들바람과 같은 느낌
극락의 향기
맑고 순수한 이슬의 투명함
온유하면서 한편 강직한 기운
이승의 언어로는 이렇게밖에
달리 표현할 길이 없어
형언키 어려운 기운 앞에서
경건하여진다

■ 발복의 예시(豫示)

위인의 맑은 기운에서 발복의 기운이 진동한다.
자손들과 집안의 화합으로 화기애애함
계속 발전할 미래
천기를 타고나 대망을 품은 아들에 대한
자손들에 대한
대한민국의 미래에 대한
적극적 발복의 약속이자 예시 앞에 숙연해진다.

■ 역동하는 시대에 천기(天氣)를 타고난 인물

위인의 자손들 중 천기를 타고난 인물은 누구던가
정몽준
천기를 타고난 큰 인물 큰 그릇
조상의 덕과 본인의 노력으로
집안과 자손

이 나라를 위해 노력함으로
계속 발복하게 된다
다만 순탄하게 희망을 이루기 위해서는
현재의 발복이 만개(滿開)할 수 있도록
꾸준히 발복기도 함으로써
전도(前途)를 확고히 함으로
희망하는 목적을 달성할 수 있는 법
그럼으로써 이 나라와 국민을 위한
위인이 되리라 확신한다.

■ 발원(發願)

극락세계로 평안히 가시어

맑은 기운으로 발복을 예시하여 주신 위인이시여
바라옵건대
자손만대(子孫萬代) 복락을 주시옵고
천기를 타고나 이 나라를 위해 큰일 하시는
위인의 앞길이 순탄할 수 있도록 열어주소서

강직함과 온유를 겸비하신 위인이시여
바라옵건대
저로 하여금
위인을 위해 도울 수 있도록 하여주소서
이 나라의 발전과 평화
복된 부흥(復興)의 미래가 될 수 있도록
발복하여 주시옵소서

■ 영계(靈界)를 나오며

비록 위인을 뵙지는 못하였으나
위인의 맑은 기운을 접함으로
기쁘기 그지없다

직접 뵈었으면 좋으련만

영계의 한 단계 위는 신(神)의 세계
진입할 수 없음을 어찌하랴

위인의 맑은 기운

발복의 예시로 충만한 미래

이 나라의 복됨을 확인함만으로도
한량없이 기쁘지 아니한가…

■ 조상의 맑은 기운 그리고 발복

혹자(或者)들의 물음에 일일이 답하자니 천기누설(天機漏泄)일까 두렵다. 혹(惑)하는 현세의 사람들에게 어떻게 이해시켜야 할지 난감하다. 액자 속의 그림이라 해야 할지, 수면의 꿈같은 풍경이라 해야 할지, 거울과 대상에의 현상이라 해야 할지….

다름 아닌 현세의 언어와 문자가 바로 그러하니 지금 내 처지야말로 마치 빛으로 카메라의 어둠 속으로 들어가 집(형상)을 짓는 것과 같은 기분이다. 조심스럽다.

혹자들의 의혹은 시공간, 빛의 속도, 이질적인 대립과 분열의 이분법을 전제로 하니 빛보다 빠른 속도, 시공간의 초월, 등질에의 일치인 하나를 납득시키기 위한 설명이란 간단하지 않다. 혹 하기를 멈출 수 없는 현세인의 처지와 영계를 드나드는 나의 처지가 다를 게 없음을. 그나마 영계를 드나드는 자로서 내가 조심스레 답할 수 있는 것들만 꺼내놓고자 한다.

혹자는 나에게 묻는다.

"정말 영계란 게 있나요?"

그럼 나는 답한다.

"그럼 당신은 단지 물건(물질)일 뿐이요? 무엇으로 어디에서 살고 있는 중이요? 하다못해 물건에 붙어서 사는 귀신도 있는데. 하물며…"

혹자는 의심한다.

"돈이 없어 조상의 천도를 하지 못하는 사람들을 위해서라고 말씀하시면서 돈 많은 사람들에게 도움을 청하시는데 결국 돈 많은 사람들의 조상만 천도해주시는 거 아니신지요?"

나는 답한다.

"당신이 굶는 사람들한테 밥을 주겠다 하고는 모이게 해서 줄 만 세우고 정작 밥을 지을 쌀이 없다면, 당신이 어리석은 거 아닙니까? 그러니 쌀을 가진 사람들에게 도움을 청해야 하고, 도움(보시)을 줌으로써 선업(善業)을 쌓게 하고, 밥을 얻어먹었으니 갚아야 하고, 갚고자 하는 마음을 가지게 되니 그 역시 선업의 깨달음 아닙니까?"

혹자는 또 나에게 묻는다.

"귀신을 내보여 주세요. 그래야 믿겠습니다."

그럼 나는 또 대답한다.

"거울을 들여다보세요."

그럼 혹자는 야유한다.

"에이, 그런 대답은 나도 하겠습니다."

그런 나도 야유한다.

"거울만 떠올려서 들여다보지 지금 이 순간 당신이 스스로 꺼 내놓은 자기 마음은 안중에 없구려? 즉자(卽子)니 돈오(頓悟)라는 말은 지식으로 알아도 자각하여 활용치 못하는 당신."

혹자는 부정적으로 비아냥댄다.

"정몽준 의원은 몇 달 전 MBC 여 기자의 인터뷰 요청을 거부하면서 여 기자의 볼을 두 번 정도 톡톡 쳤습니다. 이에 여 기자가 성희롱이라며 그 자리에서 반발하고, MBC 노조에서 공개적으로 사과를 요구해서 정몽준 의원이 MBC로 찾아가서 사과함으로 일단락되었다고 합니다. 그럼 이분도 역시 집안 발복이 좋지 않아서 나쁜 일들이 생기는 것일까요? 아니면 자신 본인의 발복이 좋지 않아서 생기는 일들일까요?"

나도 부정적으로 비아냥대고 싶어진다.

"당신이 타인의 실수 혹은 나쁜 습관을 집안 발복, 본인 발복과 연관 지어 나에게 '그렇다'와 '아니다'로 답하라는 은근한 계산적인 도의 압력을 숨기고 있듯이, 나도 당신에게 반문해보지요.

당신이 나의 효 학문 조상 발복과 정몽준 의원에 관한 말을 부정하기 위해 예로 든 그 타인의 실수 혹은 나쁜 습관에 대한 당신의 옳고 그름의 척도는 본인 자신의 사고미달(思考未達) 교육미숙(教育未熟)이 좋지 않아서 생기는 의문일까요? 아니면 개인적 취향과 성격에서 생기는 일들일까요? 그도 아니라면 고등교육의 폐해로 인해서 생기는 미숙한 대위법 때문일까요?"

물론 위의 질문도 억지지만 내 대답도 억지다.

과연 이러한 억지와 억측도 조상 발복과 개인 발복이 안 좋아서 일어나는 것일까? 당신은 어떻게 생각하는가?

"에이, 이 사람아, 그따위에 조상은 발복은커녕 보고 싶어 하지도 않을걸."

"하지만 그 말에 유의할 것. 그 말에는 이미 조상 발복과 관심이 내재되어 있음을."

"왜 이러한 논리적 문제가 도출되었나?"

"다름 아닌 다음과 같이 말하였기 때문. 말이란 조심스럽습니다만…. 현대가는 발복되는 집 안인데 균형이 깨지고 있습니다. 고 정몽헌 회장님이 원귀가 되어 구천을 떠돌면서 후손과 친척들을 찾아다니며 호소하고 있는데 후손들은 모르고 있습니다. 답답합니다."

"그게 정말인가?"

"그럼 반대로 내가 아니라고 말하면 그 말은 곧이곧대로 믿을 텐가? 그것 보게. 말이란 고작 이런 거네. 괜히 불립문자(不立文字)라는 말이 있는 게 아니라네."

"그야말로 불립문자적 상황일세 그려."

혹자는 노골적으로 묻는다.

"차기 대통령은 누굽니까?"

나는 직설이 아닌 은유로 답한다.

"정말 알고 싶으세요? 정말?"

당신은 묻고 나는 답해버렸다. 그러자 혹자는 캐묻는다.

"왜 그리 정치에 관심이 많으세요?

그러면 나는 흔쾌히 답한다.

"국가와 민족의 미래를 위해서."

그러면 혹자는 기다렸다는 듯이 묻는다.

"과연 정치하는 분들도 그럴까요?

그러므로 나는 침묵한다.

불립문자의 단계를 밟아 올라 언어도단(言語道斷)의 문 앞까지 온 것이다. 이를 어떻게 설명할까. 현충원에 찾아가 향을 피우고 묵념하는 정치가들에게는 보이지 않는 영혼들에 대해서 말해야 하는 것, 곤두박질치는 경제에 대해서 경제전문학자들이 이론을 전개할 때 거론되지 않는 운의 실체에 대해서 말해야 하는 것, 사회규범과 윤리도덕이 붕괴될 때, 사회학자들이 원인

규명에 관한 이론으로 현상들을 말할 때, 미처 챙기지 못하는 원인으로 정신과 영적 관계의 실체를 증거로 제시해야 하는 것, 주식전문가들이 예측과 확률을 들어 설명할 때 빗나간 오류에 대해서 확률과 정보의 수집보다 정확한 예언과 미신에 대해서 증명해 보여야 할 것.

■ 그 모두를 이미 오래전부터 해오고 있었다면 믿으시겠는가?

영혼의 실체에 대해서 확인하는 방법을 알려주었으며, 직접 확인한 분들이 인정하였음. 대통령을 당선시켰으며, 서울시장, 대학총장을 당선시켰다. 대신경제연구소와의 주식 대결에서 완승함으로써 이론 너머에 존재하는 기운의 실체를 증명했으며, 불치병으로 죽어가는 사람들을 호전시키고 살려냄으로써 신(神)의 존재에 대한 믿음을 주었다. 윤리 도덕의 타락으로 인해 무너지는 사회에 효 학문 천지조후로써 선업(善)을 깨닫게 하였고, 명문대에 입학시킴으로써 행복과 소원을 성취케 하였다. 이와 같은 행위는 조사해보면 사실인지 거짓인지를 쉽게 판단할 수 있을 것이다. 그럼에도 불구하고 불립문자로만 말하여질 수밖에 없는 것이 존재함을 알아차리셨는지 혹자는 따지듯 묻는다.

"도대체 대통령이 될 운명으로 도장 찍혀 나오기라도 한단 말입니까?"

나는 질문에 숨은 의도를 알지만 답할 수밖에 없다.

"그렇다."

■ 당선되기 위해서는 무엇을 어떻게 해야 하는 것일까?

정치에 꿈이 있고, 입문하고 싶은 사람들이라면 누구나 선거에서 당선되길 원하며, 노력하는데, 그렇다면 당선되기 위해서는 무엇을 어떻게 해야 하는 것일까?

가장 기본적인 것은 우리가 이 세상에 태어날 때 신께서 주신 나만의 자질과 그릇 즉 천기가 우선은 맞아야 한다는 것이다. 대통령, 총리, 장관, 국회의원, 판·검사 등 우리 사회에서도 한 자리씩 한다는 위치에 오를 정도의 인물은 특히 천기가 있어야 하는데, 그중에서도 대통령은 하늘이 내시는 큰 인물이다.

그래서 대통령 천기를 가진 사람은 몇 되지 않는다. 내가 대통령이 될 사람을 잘 예언하고 정확히 맞추는 것은, 그 천기를 조금 볼 줄 아는 덕이기도 하다. 하지만 천기만 있다고 해서 다 되는 것은 아니다. 시험이든 선거든 경쟁자가 있고, 많은 경쟁자 중에 일부만 합격과 당선의 영광을 차지한다.

■ 그렇다면 누가 당선의 영광을 누리고, 누가 낙방과 낙선의 고배를 마시는가?

그 차이의 원인은 과연 무엇일까?

우선 자기가 선택하여 가는 길이 천기와 맞아야 한다. 하여간 가장 기본적인 전제는 타고난 천기요, 그 천기는 대체로 집안의 조상 영혼이 잘 가신 분이 많고, 발복이 잘 되는 가문에서 잘 받게 되어있다는 것이다.

■ 건강하고 성공하고 부자로 만들어 행복해지는 것

우리 후손에게 기(氣, 잘 가신 조상들의 좋은 영혼의 기운)가 들어오고, 오장육부가 원활하게 돌아가서 건강한 육체와 정신이 갖추어지기에 그 원기를 바탕으로 건실한 목표를 세우고 열심히 노력할 때 얻어지는 것이다. 그렇게 좋은 기(氣)가 들어오고 건강이 좋아져야 돈도 들어오고, 사업 성공, 출세하여 남을 위해 봉사하며 행복하고 보람 있는 인생을 살아갈 수 있는 것이다. 이것은 하루아침에 노력한다고 이루어지는 것도 아니다.

하지만 누구나 지금 당장이라도 시작할 수 있는 일이다. 냉정하게 생각하고 현명하게 판단하여 즉시 실행하기를 당부한다. 다시 한번 말하지만 건강하고, 성공하고, 행복하려면 당신 조상의 영혼부터 실험하고 확인하여 제대로 천도해 드려야 한다. 이 기본이 되어있지 않고서는 모든 것이 헛된 것이다.

그래서 조상님들 중에서 못 가신 영혼들만 찾아내어 잘 모셔드려야 한다(잘 가신 영혼은 해드릴 게 없다). 생활하는 집과 직장, 가게, 학교 등의 척추귀신은 집안 조상님들의 영혼과 상관없는 타 영혼 들이지만 찾아와 도움을 구하는 원귀들이니 모든 원귀들을 찾아내어 정성껏 모셔드려야 하는 것이다.

그렇게 하는 그 순간부터 집, 사무실, 상점, 식당 등 모든 건물이나 장소에 영혼의 기운(氣運)은 바뀌게 되어있다. 스스로 꼭 확인해 보아야 할 것이다. 진정으로 사업 성공으로 부자가 되고 싶다면 모든 일에는 때가 있듯이 꼭 성공의 운을 찾아 힘차게 걸어 나가기를 바란다. 누구의 말도 믿지 말고 본인이 직접 실험을 통하여 좋은 곳으로(천당, 극락세계) 잘 가셨는지 확인해 보기 바란다.

혹자는 정말 그를 싫어해서 반복해 묻는다.

"정말 그 사람이 차기 대통령입니까? 정말 유력합니까? 왜죠?"

나는 말장난 같지만 간단명료하게 답한다.

"정말이니까."

혹자는 나를 조롱하듯 묻는다.

"정말?"

나는 웃으며 답한다.

"정말입니다."

그러나 웃을 일이 아님을 간과해서는 안 된다. 나의 효 학문은 예언을 위해서만 그 쓰임새를 다 하기 위해서 있는 게 아니며, 내가 애써 널리 사회에 알리고자 함 또한 신비와 비법만을 전수하고자 해서도 아니다. 그 바탕에는 가장 근원적인 문제이자 목적인 행복한 가정, 국가 만들기에 있다.

그렇기에 이 나라의 대기업으로서 국가발전에 기여할 가문들을 그 예로 들어 설명함으로써 나의 효 학문을 이해시키고자 하는 것이다. 그 기업들 중 가장 발복이 잘되는 집안이 바로 현대가(家)다. 물론 완벽이란 역학(易學)에서의 말처럼 불완전을 예시하는 위험한 상태이기도 하다. 현대가 역시 예외는 아니다.

이미 오래전 여러 차례 글로 예언한 내용이기도 하다.

현대그룹의 창시자 고 정주영 회장을 비롯하여 첫째 아들로 70년대 동아일보 기자로서 당시 교통사고로 돌아가신 분을 비롯하여, 고 정몽헌 회장의 뒤이은 불행까지, 지금 이대로 간다면 현대그룹, 현대 계열사, 하청에 이르기까지 모두가 화를 당할 수 있다.

못 가신 분들의 원혼을 방치할 경우, 더 큰 화를 부를 것이며, 현대그룹 건설 사 또한 화를 피하기 어려울 것이다. 수원 매탄지역 인천 구월 주공으로 많은 분쟁이 시작될 것이다. 또한 현대산업 개발에서는 하곡동 분쟁으로 많은 손실을 보게 될 것이다.

이는 곧 국가의 불행이기에, 나는 수시로 현대가의 조상들을 영접 속으로 살피는 한편, 고 정몽헌 회장을 천도하여 좋은 곳으로 보내드렸다.

그렇듯 영 접속으로 고 정주영 회장의 맑은 기운에 의한 발복, 대통령의 천기를 타고 나신 분에게 영향을 미침과 아울러 천기에도 불구하고 주위 인물들에게 자기의 기를 빼앗기지 않으면 안 되는 원인에 대해서도 알게 되었다. 그러한 불안만 제거한다면 틀림없이 이 나라는 국가를 부흥시킬 대통령을 가지게 될 것이다.

혹자는 나에게 반문한다.

"그러한 취약함을 예방, 보완할 수 있단 말입니까?"

나는 자신 있게 답한다.

"물론입니다."

혹자는 계산적으로 묻는다.

"그렇게 해서 당신이 얻는 건 뭔가?"

나는 분명하게 답한다.

"이 나라의 발전과 부흥, 평화를 이룰 수 있도록 하는 나의 효 학문을 널리 알릴 수 있으며, 더 나아가서는 문자에만 눈을 감고 있는 사람들로 하여금 눈을 뜨게 할 수 있다는 믿음과 확신이다. 아쉬운 것은 당신이 그렇듯 아직도 나의 효 학문 천지조후의 증명에도 불구하고 많은 사람이 의혹만 앞세운 채 몸소 확인해 보고자 하지 않는다는 것이다."

■ 물론 믿음은 의심을 전제로 가능하다

혹자는 단지 황당한 판타지쯤으로, 혹자는 미혹한 마술로, 혹 자는 상술로만 치부하려 하는 세상이다. 한편으로는 예수의 성경을 부처의 불경을 진리로 받아들인 가운데 일상과의 괴리로 말미암아 방황하는 사람들과 영혼들을 위해 외로이 길을 가야 함은 고독을 넘어 고통이기도 하다.

만약 황당한 판타지에 불과할 뿐이라면, 나의 모든 예언은 단지 해몽으로 판결이 났을 것이며, 단지 미혹한 마술일 뿐이었다면 나의 마술로 내 마술을 은폐시킴으로써 완전범죄를 꾀했을 것이다. 만약 단지 상술로만 이용해 왔다면, 지금쯤 나는 거대한 성(城)에서 호의호식하며 살고 있어야 한다.

"그런데 이 초라한 토굴이라니, 웬 말이냐?"

나는 혹자들에게 반문한다.

■ 서울시장을 당선시키다

―고건 전 서울시장과의 인연

철학관을 폐업하다시피 하고 서울시장에 당선시키기에만 매달렸다. 예언과 아울러 기도, 당선 표를 높이고 고건 후보의 당이 전국적으로 인기를 얻게 하려고 무리하다 싶게 열중했다. 그러니 벌어들이는 돈은 없고, 직원들과 나는 점심값이 없어서 굶어야 하는 지경이 되었다.

미망(迷妄)

-일파 합장

꿈은 꾸되 영계(靈界)를 의심하는 사람들
다른 세계라 말하지만, 그 세계와 더불어
삶과 죽음의 부딪침을 체험하면서도
영계를 통해 현세(現世)를 볼 줄 모르고

현세를 통해 영계를 볼 줄 모르네
나와 너의 관계이듯 하나인 세계
무심히 비껴가는 사람들 허망한 세계
죽음이 곧 삶이라는 걸 뒤늦게 깨닫네

■ 달이 구름에서 벗어나듯, 승복(僧服)을 벗어 반납했다

속인(俗人)이 된 나는 서울 강남구 신사동에 철학관을 차렸다. 이 역시 효 학문을 알리려는 방편이었으며, 내가 할 수 있는 최선의 방편이기도 했다. 그러나 찾아오는 손님들만 사주를 풀어주는 역학(易學)과 사진을 보고 미래를 말해주고, 구천을 떠도는 영혼들을 천도해주는 것만으로는 효 학문을 세상에 이해시키고 알리는 데 있어서 미진할 수밖에 없었다.

실체를 증명해 보이지 않는 한 다른 종교들의 설법 설교와 하등 다를 게 없었다. 굳이 다르다면 조금 더 사람들에게 가까이 다가서게 하고 직접적인 경험을 하게 한다는 것이랄까, 이러한 방편은 사교(邪教)라는, 따라서 하지 말라는 게 각 종교에 있어서의 공통된 가르침이기도 하다.

타당성이 있는 말이다.

한낱 방편에 불과할 뿐인지라, 미혹하기 쉬운 사람들은 자칫 자기를 상실한 채 끌려다니기 쉽다. 그런 함을 예수는 우상을 섬기지 말라는 말로, 부처는 허상을 좇지 말라는 말로 경각심을 일깨우고자 한 것이리라.

그러나 경전의 말씀만으로는 요즘 유행어처럼 뭔가 2%가 부족한 느낌이 드는 게 중생들이다. 진리에의 눈뜸, 깨달음이라는 게 도대체 뭔가? 단지 우주와 나, 관계에의 이치(理致)와 그대로의 본모습(진리)을 알게 된다. 그럼으로써 어떻게 살고 어떻게 죽어야 할 것인지에 대한 지혜를 가지는 것과 현실을 살아야 하는 삶 사이에는 괴리가 있어 보이고, 너무 막연하기만 하다고 느끼는 존재 역시 중생들 아닌가. 제아무리 훌륭한 경전, 명언, 지식을 습득한다 한들 사용 가능한 가치가 없다면?

그야말로 공염불(空念佛)에 지나지 않는 게 아니라 현대의 종교들이 해결해야 할 문제이리라. 이러한 양면성의 문제, 즉 괴리에 나는 어떤 방편으로 효 학문을 알릴 것인가 고민하지 않을 수 없었다. 현재에 유익하면 그것이 곧 진리라는 말처럼 나의 효 학문을 현재를 살아가는 사람들에게 유익하게 활용 가능함으로 체험하게 해야 했다.

■ 뜬구름 잡기, 그물로 바람 잡기

실체가 없다고 말하는 것, 영혼의 문제를 확인시켜야 한다.

IMF로 경제가 곤두박질치고, 세상살이가 어려워졌다. 노숙자들이 늘어나기 시작했다. 대통령의 건강이 나빠지는데 한 요인이었을 것이다. 지인을 통해서 대통령의 건강을 위해 어떻게 해야 하는지, 무엇을 해줄 수 있느냐는 문의가 들어왔다.

나는 대통령의 건강을 위해 나만의 기도와 비법으로 정성을 다했다. 대통령의 건강이 좋아졌고, 나에게 매일 공부하러 오는 김은경이 그러한 사실을 경찰청에 근무하고 있는 남편에게 말했다. 남편은 대신경제연구소 나영호 사장에게 알림으로써 나는 경제계 인사들과 만나게 되었다.

아시아나 그룹을 염두에 둘 때, 분명 절호의 기회인 것만은 틀림없었다. 그렇게 해서 나는 대신경제연구소의 나영호 사장과 양재봉 회장의 건강과 아울러 그들 집안의 발복을 위해 기도와 천도재를 해주게 되었다.

열심히 기도하였고, 양재봉 회장과 나영호 사장으로부터 나의 효 학문을 인정받았다. 이어 객지를 떠도는 영혼들을 더 많이 천도해주기 위해서 주식으로 방향을 돌렸다.

나는 제자 김은경에게 주식 종목들을 찍어 주어 돈을 벌게 해주었고, 마침내는 대신증권과 나 어느 쪽이 주식에서 성공하느냐는 게임 아닌 게임을 하게 되었다. 나의 주식 종목을 선택하는 정확성과 수익이 승리했다. 그러한 일들이 소문나자 서울시장에 출마한 고건의 비서한테서 전화가 걸려왔다. 저쪽에서 먼저 나에게 제의해왔다.

"이번 서울시장에 꼭 당선되어야 하고, 물론 당선되리라 확신합니다. 그래도 혹시 모르고, 무엇보다 중요한 건 지지율을 높이는 겁니다. 많은 표를 얻어내야 하는데, 그렇게 해준다면 원하는 걸 이쪽에서 후원해 주겠습니다."

그야말로 아이러니한 제안이었다. 객지를 떠도는 영혼들을 천도해야 하는 건 서울시가 아닌가. 그런데 나에게 하라고 그럼 도와주겠다는 거였다. 거기에 조건을 달았다. 서울시장에 출마한 그분(고건)이 확실하게 당선되도록 해줄 것과 득표율을 높여달라는 것. 그러나 힘없는 나로서는 어쩌겠는가. 좋은 곳으로 가지 못한 채 떠도는 영혼들을 천도해 좋은 곳으로 보내주기 위해서는 할 수밖에… 나는 서울시장에 출마한 고건의 비서와 그렇게 하기로 약속했다.

■ 보라, 무거운 짐을 짊어진 낙타의 사막 뜨거운 길을

말없이 묵묵히 약속을 지키기 위해 나는 강행군을 해야 했다. 철학관을 폐업하다시피 하고 그 일(서울시장에 당선시키기)에만 매달렸다. 예언과 아울러 기도, 당선 표를 높이고 고건 후보의 당이 전국적으로 인기를 얻게 하려고 무리하다 싶게 열중했다. 그러니 벌어들이는 돈은 없고, 직원들과 나는 점심값이 없어서 굶어야 하는 지경이 되었다. 물론 지금이라면(뭐 이런 개 같은 경우가 다 있어!) 따졌겠지만, 그때 나는 왜 그리 어수룩하기만 했는지, 비서가 전화로 오라면 가고, 가라면 오고….

그러나 어쩌겠는가. 영접 속을 하는 나로서는 살아서 고통을 겪는 내 처지보다 죽어서 구천을 떠도는 영혼들을 더 시급히 천도해주지 않으면 안 되는 슬픈 문제로 인해 더 괴로운걸. 서울시에서 담당하는 묘지 건(件)과 내 효 학문 홍보 문제를 해결해 준다는데, 하지 않는다는 거야말로 죄짓는 일이었다. 후원을 해주겠다는 약속을 굳게 믿고 열심히 했다.

■ 영계와의 소통 도구

—신문지와 비서가 보내준 사진 한 장 달랑

달랑 사진 한 장과 신문을 보며 영계와 접속해 한 사람을 서울시장에 당선시키기 위해 쪼르륵 굶어야 하는 나와 직원들이라니. 고건 서울시장 후보와 그의 비서가 알아주지 않아도 열심히 정성을 다하며 뛰었다. 그렇게 여의도로 오라면 가고, 가라면 가고, 매일 보고를 하고, 많은 표를 얻어내기 위해서 밤샘 기도를 감행하고, 발복기도를 했다. 이번 일만 잘되면 하고 지갑 사정이 어려워 점심을 굶는 직원들의 눈총을 따갑게 받아가며 견뎠다.

득표 예측방송을 보면서 우리는 만세를 불렀다.

■ 고건 시장의 당선과 몇 퍼센트의 지지율로 당선될 것인지

—매스컴보다 앞서 소수점까지 예언

방송보다 더 정확히 예언한 득표율에 우리 자신도 놀랐다. 나 자신도 놀랐고, 직원들도 놀랐다.

"선생님은 신이다!"

직원들은 그렇게 나를 추켜세웠다. 자기들을 굶기는 나에게 싫은 내색조차 하지 않고 묵묵히 따라와 주는 그들이 눈물겹게 고마웠다. 그 결과로 고건 시장이 탄생되었다. 서울시장은 그렇게 나와 직원들의 굶주림과 노력으로 화려하게 입성(入城)했다. 다음 날 아침 8시경 나는 고건 서울시장의 비서인 그에게 전화했고, 후원해 주기로 찰떡같이 약속했던 그의 대답은 맹물보다도 싱거워져 있었다. 전화를 받은 그는 가벼운 투로 말했다.

"당 사무실로 발령이 나서 가니, 약속은 없었던 거로 할 수밖에 없다네."

그는 마치 남의 얘기를 하듯 농담 투로 말했지만, 듣는 나는 바위에 압사당하는 기분이었다. 어떻게 이럴 수가, 이런 인간이 있단 말인가. 그러나 현세에서의 엄연한 현실이고, 일상다반사라는데 어쩌겠는가. 불같은 분노를 물 같은 허탈감으로 끄며 돌아서야만 했다.

산 자들의 배신으로 죽은 자들과의 약속을 지킬 수 없게 된 나는 씻을 수 없는 죄를 지은 거였다. 하지만 어쩌겠는가. 약속을 지키지 않고 이용하려고만 하는 개보다 못한 생자(生者)들로 넘쳐 나는 이 현세를 증오하기보다 연민이 앞서는 걸….

■ 그렇게 세월이 흘렀다

—망각은 초라한 인간을 얼마나 단단하고 뻔뻔한 돌로 만드는가

그가 전화를 걸어왔다.

"그간 잘 지내셨나? 다른 게 아니라, 고건 시장님께서 대통령선거에 출마하면 말야, 어때? 당선될 수 있겠어? 그 뭐야, 천기가 있는지 궁금해서 말이야."

순간 나는 차디찬 냉기의 뱀에게 온몸을 휘감긴 것 같은 소름 돋음에 움찔했다. 이놈의 독사, 잘 만났다. 이번에는 내가 너한테 독기를 되돌려주마. 나는 그 어느 때보다 차분하게, 정확한 발음으로 자상하게 설명해주었다.

"야, 이 개보다 못한 인간아. 정치하는 새끼들은 그렇게 거

짓말을 고차원적으로 하냐. 고건 씨가 대통령 되면 한자리하고 싶냐? 미안하지만 고건이는 천기가 대통령 될 그릇이 없으니 반성이나 하면서 살라고 전해줘. 정치의 생명은 약속이라는 것도 모르는 게 무슨 정치. 시장 끝나면 정치생명도 끝인 줄이나 알아. 너 고건이 팔아서 출세하려고 하는데… 잘되면 내가 성을 간다. 전화 끊어!"

■ 대통령을 당선시키다

—고 노무현 대통령의 당선에서 천도까지

꿈같은 현실과 현실 같은 꿈. 그 차이에 대해서 생각해본 적이 있는가. 대권경쟁이 그랬다. 나는 그에게 꿈같은 현실을 만들어 주었고, 그는 그 대가로 나에게 현실 같은 꿈만 주었다. 나는 그에게 꿈같은 현실이 사라지고 현실만 남을 것이라고 예언했으나 그는 무시했다. 그러고는 영원히 꿈으로 모든 걸 슬픈 현실로 마감해 버렸다.

故 노무현 대통령을 천도해드리다

—사랑의 날개로 국민의 슬픔을 감싸안다

-일파 합장

새는 나무에 집을 짓고

사람은 이승에 업을 짓고

하늘에서 깨닫는 새

저승에서 깨듣는 혼

구름의 순간을 서두를 거 있나요

님은 가시고

나의 예언만 목마름 타는 노래되었으니

님이시여

모든 이의 슬픔을 아시거든 구천에 머무르지 마소서

자애로이 웃으시던 그 모습 세심한 다정에 눈물 납니다
스스로 꺼진 촛불의 애상
오늘도 스스로 타는 촛불들의 기도
피 토하며 우는 새들
산천초목 풀들과 국민들 님을 위한 이승의 꽃이오니
극락으로 편히 가시어
맑은 기운 평온과 풍요의 복락을 내리어 주소서

님은 극락으로 가시고
이제 님을 잊고
님도 잊으셨나

무심한 세월 구름 따라갑니다

바람은 그림자를 대신해 울고
세월은 상처를 아물며 가고
저의 예언과 기원만 깨어 있는 날

세상에 가득 내리는 눈꽃들

님의 커다란 날개에 감싸인 오늘
님이시여 감사합니다

■ 하늘이 내린 대통령, 땅에 버려진 대통령

꿈같은 현실과 현실 같은 꿈. 그 차이에 대해서 생각해본 적이 있는가. 2001년 대권경쟁이 그랬다. 나는 그에게 꿈같은 현실을 만들어 주었고, 그는 그 대가로 나에게 현실 같은 꿈만 주었다. 나는 그에게 꿈같은 현실이 사라지고 현실만 남을 것이라고 예언했으나, 그는 무시했다. 그러고는 영원히 꿈으로 모든 걸 슬픈 현실로 마감해 버렸다.

■ 그가 바로, 고 노무현 대통령이다

치인(治人)들이 미처 실천하지 못하는 것들이 있다.

소외된 사람들을 위해 봉사하기, 효(孝)를 알리기, 구천을 떠도는 영혼들을 무료로 천도해주기. 그들이 하지 못하는 걸 알았을 때, 하지 못한다는 걸 알았을 때의 참담함도 그들의 몫이 아니라 소외된 사람과 구천을 떠도는 영혼들의 몫이라는 것, 참말이다. 오죽하면 수신제가치국평천하(修身齊家治國平天下)라는 말이 있겠는가.

그래서 나는 다음과 같은 꿈을 꾸기 시작했다.

여기 소외된 사람들이 있습니다. 바로 저희들입니다. 용서를 바랍니다. 효(孝)를 알려주세요. 효가 없습니다. 그런데 부모와 자식이 있겠습니까? 구천을 떠도는 영혼들을 무료로 천도하려면 유료일 수밖에 없는 제 처지는 어떻게 해야 합니까?

그들은 나에게 말하고 싶었는지도 모른다. 꿈은 무료지만 현실은 유료입니다. 당신의 일이니 당신이 알아서 하세요. 그들의 배신은 무료였다. 그로 인해 혹독한 대가를 치른 내 손해들은 모두 유료였다. 손해가 막심했다.

■ 지금부터 하려는 이야기는 실화다

고 노무현 대통령을 만나기 전의 일이다.

효 학문을 세상에 알리기 위해, 소외된 사람들에게 봉사하기 위해, 구천을 떠도는 영혼들을 무료로 천도해주기 위해, 스승님은 나를 하산(下山)시켜 세상으로 내려보내셨다. 나는 달랑 몸뚱이만으로 용기 있게 하산하여 세상으로 내려와 씩씩하게 뛰어다니기 시작했다.

스승님도 나도 얼마나 순진무구한가.

세상에 돈 한 푼 없이 그 일들이 가능하다는 찰떡같은 믿음을 가지고 있었으니. 어린아이와도 같은 순수한 심성이란 속세에서 얼마나 상처받기 쉬운지 스승님도 나도 몰랐다. 그러고도 득도(得道)했다,할 수 있는 건가? 득도란 본래 그런 것인 걸 어떻게 하겠는가? 돈을 멀리하기. 유료만 있고 무료는 없는 세상에서는 알아주지도, 필요하지도 않는, 도(道).

사람들은 유료인 것들만 정당함으로 인정할 뿐인 걸 나중에 알았다. 돈을 밝히는 자, 틀림없는 도(盜)둑놈이라고 보면 틀림없다. 도둑놈의 도는 이렇게 말한다.

"그럼 도 닦는 사람은 굶어 죽으라는 거냐? 그거 봐라, 이 대답에 도둑놈이라는 자백이 내재해 있지 않은가. 너더러 굶어 죽으라고 한 사람 없고, 그런 뜻으로 말한 게 아닌데, 넌 조금 먹겠다는 말이 아닌 굶어 죽는다는 과장법으로 너의 탐심(貪心)을 슬쩍 덮어서 숨기고 있다. 도둑놈!

짜가들이 판치는 세상에서는 진짜가 오히려 짜가 같다. 정말 굶어서 죽는 암튼 세상에서 그게 누구든, 무엇이든, 욕심과 욕망이 지나친 것들은 짜가다. 오죽하면 굶어 죽기 직전까지 가기를 밥 먹듯 고행하는 수도자들이 세상에 대고 외치겠는가.

"그대들이여, 탐욕을 다이어트하라. 그게 바로 도다. 그리고 효도하라. 우리가 이 사회에서 굶기고 소외시킨 사람들을 위해서 봉사하라. 그렇게 하지 못하고 죽어 좋은 곳에 가지 못하고 구천을 떠도는 영혼들을 좋은 곳으로 천도해주자."

이렇게 외치며 정·재계(政財界)의 인사들을 찾아다녔다. 전국을 순례하는 도중이었다. 마침 대통령선거 유세로 온 나라가 정치에 관심이 쏠려 있었고, 나는 유력인사들을 찾아다니며 도움을 청했다. 그렇게 해서 그 당시 모두들 다음 대통령으로 꼽는 이인제 후보의 전국지구당 사무실을 방문하였다.

"저는 효 학문을 세상에 널리 알리기 위해 산에서 내려온 수도자입니다. 갈수록 도의가 땅에 떨어지는 이 시대에 효와 천지조후의 밝은 이치를 알리기 위해 이렇듯 도움을 청하고자 찾아

뵈었습니다."

그러나 사무실의 직원들과 금산지구당 위원장은 시큰둥해했다. 그도 그럴 것이, 대통령선거에 필요한 한 표가 아닌 듣도 보도 못한 효 학문은 뭐며, 천지조후란 생뚱맞게 또 뭐란 말이냐? 하는 반응이었다. 돈 몇 푼 구걸하기 위해서 찾아온 거지 취급이었다. 그에 굴하지 않고 나는 효 학문과 천지조후의 이치에 대해 설명했다.

"조상님이 좋은 곳으로 잘 가셔야 후손들에게 발복할 기운을 주십니다. 물론 허황되게 들리실 줄 압니다. 저는 직접 확인시켜 드릴수 있습니다."

"아, 그래? 그럼 이분은 어떠신가? 대통령에 당선될 수 있으시겠는가?"

지구당 위원장이 내 말을 자르고 물었다.

"죄송합니다. 이인제 의원님께서는 대통령이 될 수 없으십니다. 이분은 대통령의 천기(天氣)를 타고나지 못하셨습니다."

나는 솔직하게 말했다.

"뭐가 어째? 네가 뭘 모르나 본데, 지금 이 나라 국민들이 다음 대통령으로 이분이 될 거라고들 하는 판에, 너만 아니야? 산에서 도만 닦았으니 모르는 게 당연하지."

지구당 위원장이 코웃음 치며 거들먹거렸다.

"매우 송구스럽습니다만, 대통령은 아무나 되는 게 아닙니다. 우선 천기를 타고나야 하며, 그다음 본인의 노력이 있어야 하고, 천지조후에 따른 조상님들의 후손에 대한 발복이 있어야…"

"이 새끼, 듣자 듣자 하니까 찢어진 입이라고 함부로 막말하네."

지구위원장이 버럭 화를 내며 몸을 일으켜 내 멱살을 틀어쥐고 뺨을 후려쳤다.

"이러셔도 소용없습니다. 저는 있는 그대로 사실만을 말씀드린 것뿐입니다. 저는 제 목숨을 걸고 정직하게 예언할 뿐입니다."

"어쭈, 목숨을 걸었어? 그래 이 새끼 어디 한번 죽어봐, 너 오늘 내 손에 죽었어."

폭언과 폭행이 계속되고, 말리는 직원들까지 합세한 통에 사무실이 난장판이었다. 화를 못 이겨 길길이 날뛰는 지구위원장은 이인제 의원에게, 대통령선거에, 충성하기로 제 목숨을 건 사람이었으니 그럴 만도 했다.

"저는 목에 칼이 들어올지라도 옳은 건 옳다고 하고 그른 건 그르다고 합니다."

내가 소리치자 그 역시 버럭 목청을 높였다.

"너만 그래? 나도 그래, 이 새꺄!"

그렇다. 인간은 무엇인가에 자기 목을 걸어놓고 산다. 물론 각자의 밧줄은 다르다. 밧줄의 비호를 받으며 사는 자들일수록 소문에 민감하다. 소문에 개의치 않고 나는 계룡산 토굴로 찾아들어 조용히 수행 정진하고 있었다. 나의 뜻을 알고 있는 신(神)께서는 저버리지 않으시리라.

■ 천지 조후

예상보다 빨리 운이 찾아온 거라고 나는 믿었다.

"소문을 들었습니다."

계룡산 입구 사거리에 있는 찻집 〈동다송〉에서 나와 마주 앉은 사내 중 한 명이 말했다. 나는 묵묵히 찻잔을 기울이며 듣기만 했고,그는 열심히 말을 쏟아냈다.

"저희는 노사모를 위해 자발적으로 뛰는 사람들입니다. 도와주십시오."

노사모? 그럼 이들도 나처럼 노사모라는 학문을 알리기 위해 산에서 내려온 수도인들이란 말인가? 하지만 행색으로 짐작하건대 산에서 수도하다 내려온 자들도, 나처럼 가난해 보이지도, 남루한 차림새도 아니어서 더욱 알쏭달쏭했다.

"노사모가 뭡니까?

무식하다는 말을 들을 각오로 물었다. 그들이 픽 웃었다. 아니, 노사모를 모른다니, 하는 무언의 힐난인지도 몰랐다.

"노사모가 뭐냐 하면요. 우리는…"

내 말투를 흉내 내듯 하며 설명을 늘어놓은 사내는 자기를 노무현 후보의 비서라고 정식으로 소개했다. 그리고 다시 나에게 정중히 도와달라고 했다.

"누구라고요? 노모현 후보라고요?

"아닙니다. 노, 무, 현 후보이십니다."

누가 내 발음을 정정해주었다. 그리고 다급하게 다그치듯 물어왔다.

"어떻게 보세요? 노무현 후보, 대통령에 당선되시겠습니까?"

노무현 후보의 사진을 앞에 놓고 관(觀)하여 보고 영계에 접속도 해보았다. 천기가 있었다.

"당선되시겠습니다. 이분은 천기를 타고나셨으니."

"정말, 되시겠습니까?

그들은 다짐받아내려는 듯 거듭 물었다.

"그러나… 천기를 타고났다 할지라도…"

나는 효 학문과 천지조후에 대해서 설명했다.

"저희 좀 도와주십시오!"

절박한 목소리로 내 멱살을 틀어쥐었다.

"그러지요. 대통령에 당선시켜 드리겠습니다. 그렇게 해드릴 테니 그쪽에서도 저를 도와주셨으면 합니다. 다른 게 아니고…"

그들에게 효 학문을 세상에 알리고, 국립묘지에 안장되시기는 했으나 좋은 곳으로 가지 못하고 구천을 떠돌고 있는 호국영령들을 천도하는 데 도움을 달라고 했다. 청와대와 국회의사당을 비롯한 정부청사들에 머물러 있는 원귀들, 무엇보다 소외된 이들, 가난하여 조상을 천도해드리고 싶어도 못 하는 사람들을 위해 도움을 주었으면 한다고 했다. 그들은 도와주겠다는 약속을 했다.

■ 그 약속을 이행하기 위해 나는 준비를 서둘렀다

이제 후원을 얻었으니 스승님과의 약속은 물론 구천을 떠도는 영혼들과 한 약속을 지킬 수 있게 되었다. 살아오면서 이처럼 기쁘고 행복했던 적이 있었던가. 없었지 싶었다. 오직 노무현 후보의 대통령 당선을 위한 기도, 발복을 위해 계룡산 토굴에 나를 묻었다. 대선 경쟁에 뒤늦게 뛰어들어 지지도가 거의 없는 후보를 대통령으로 당선시키기 위해 나는 나대로, 노사모는 노사모대로 열심히 노력했다.

돼지저금통 모금이 늘고 있다는 소식이 들렸고, 노무현 후보도 쉴 시간 없이 바쁘게 노력하고 있다 했다. 그렇게 대통령 선거 일이 가까이 다가오고 있었다. 힘겨운 적은 내부에 있기 마련이다. 그 내부의 적은 자기 자신일 수도, 동지일 수도 있다. 내가 예의 주시한,하지 않으면 안 될 내부의 힘든 상대가 다름 아닌 정몽준 후보였다. 노무현 후보와 손잡은 정 후보 역시 천기를 타고난 인물로, 영계에 접속해본 결과 조상분들도 좋은 곳으로 가셨고, 후손들에게 맑은 기운으로 복락을 내려 돕고 있었다. 다만 몇 분 못 가신 분들이 계시고, 그 분들로 인해 미약하나마 불길이 감지될 따름이었다.

안타까운 일이 아닐 수 없었다.

만약 노무현 후보가 아닌 정몽준 후보를 먼저 만났다면 하는 생각을 해보았다. 현재뿐 아니라 정 후보는 앞으로도 자신의 주위 인물들로 하여금 기를 빼앗길 거였다. 영계의 구천을 떠도는 조상들 몇 분이 그 원인이었다.

노무현 후보가 정몽준 후보의 자택을 찾아가 만나 줄 것을 요청하였지만, 정몽준 후보는 끝내 문을 열어주지 않았다는 매스컴의 기사들이 세상을 도배했다.

■ 대통령선거일

나는 계룡산 입구 사거리에 있는 예의 그 찻집에 앉아 개표방송을 지켜보았다. 나의 기도와 앞으로 하고자 하는 일에 조금치의 개인적인 사리사욕 없음과 영계의 혼들과 현세의 사람들을 돕고자 하는 뜻을 하늘이 감읍하시었다면, 틀림없이 노무현 후보가 대통령으로 당선될 거였다. 투표가 끝나고 개표방송이 시작될 때, 이미 나는 확신하고 있었다.

결국 노무현 후보가 대통령에 당선되었다. 나는 하늘에 감동했고, 그의 대통령 당선에 감격했다. 이제부터는 그토록 희원하였던 나의 일을 할 수 있게 되었다. 영계에서는 구천을 떠도는 영혼들을 천도하여 좋은 곳으로 보내드리고, 현세에서는 효학문을 널리 알릴 수 있게 되었다고 생각하자 눈물이 났다.

스승님이 가슴에 사무치도록 말씀하시던 애국애족(愛國愛族), 효의 중요성을 알리고, 소외된 사람들에게 봉사하는 한편 영계에서 구천을 떠도는 영혼들을 무료로 천도할 수 있게 되었다. 나 살아 숨 쉬는 세상, 정말 아름다웠다. 계룡산 토굴에서 감사의 기도를 드렸다. 신(神)이 아름다운 것처럼 인간도 아름다울 수만 있다면 좋으련만….

나는 그들과의 약속대로 강남 압구정동에 사무실로 사용할 50평짜리 오피스텔을 얻었다. 그리고 직원들도 두었다. 한시라도 빨리 구천을 떠도는 영혼들을 극락으로 인도해 주어야 했으며, 국립묘지의 호국영령(護國英靈)들을 위해 천도재를, 가난하고 소외된 사람들의 조상천도해야 했다. 무엇보다 효 학문을 알림으로써 도의(道義)가 땅에 떨어진 세상에 사람들로 하여금 진리와 옳음에 눈뜨게 해야 했다.

그러나 아니었다.

도의가 땅에 떨어졌을 뿐만 아니라, 눈 씻고 찾아보려야 아예 볼 수 없다는 걸 새삼 확인해야 했다. 대통령에 당선된 후로 그들은 찾아오지도 않았고, 연락도 해오지 않은 채 모든 믿음과 약속을 짓뭉개 버렸다.

깊은 배신감으로 인한 분노와 슬픔은 참을 수 있었지만, 사무실 임대료와 직원들에게 지급해야 할 월급과 일하는 경비로 인한 어려움은 견디기 힘들었다. 모든 꿈과 희망이 한순간에 끝나고 남은 건 삭막한 현실뿐이었다. 그제야 나는 깨달았다.

■ 영계의 구천이나 현세의 구천이 다르지 않다

현세의 인간들은 스스로 자기의 구천을 만들며 살아간다.

다시 원점으로 돌아와 있는 나는 참담함과 고통으로 그들과의 연락을 취해 보았으나 그들과의 전화통화는 현세에서 영계로 접속하는 것만큼이나 어려웠다. 대통령이 된 그를 만난다는 건 꿈이 된 지 오래고, 나를 찾아와 그를 대통령으로 만들어달라고, 만들어 주면 모든 약속대로 내 봉사활동을 지원하겠다던 비서조차 코빼기도 내비치지 않았다. 어떻게 이럴 수가 있단 말인가? 나는 씁쓸한 마음으로 자문하곤 했다.

노사모 홈페이지와 청와대에 이메일과 편지를 수십 차례 보냈으나 아무런 연락도 오지 않았다. 그렇다고 하지 않을 수도 없는 노릇이어서 계속 보냈다. 그러자 마지못한 듯 대통령의 비서가 된 그를 만날 수 있었다. 그의 말은 처음 나를 찾아왔을 때와는 정반대로 바뀌어 있었다.

"효 학문은 인정합니다. 하지만 아시다시피 우리나라에는 여러 종교들이 많고, 그 종교들 중 어느 한 종교만 저희가 지원할 경우, 우리뿐만 아니라 이 나라에도 결코 바람직하지 못한 일이 발생할 게 뻔합니다. 길게 말씀드리지 않아도 누구보다 잘 아시리라 믿습니다."

대통령의 비서인 그의 말은 그랬다. 종교들 때문에 내 봉사 활동을 지원할 수 없다는 것. 그의 말은 가관이었다. 그리고 그의 입에서 나온 다음 말은 나를 웃기고 울렸다. 그는 진심으로 감사히 여기고 있으며, 따라서 은혜에 보답코자, 고심 끝에 결정했다고 했다.

"그게 뭡니까?"

내 물음에 그는 주저함 없이 말했다.

"감사패 하나 드리도록 하겠습니다."

기만당한 거였다. 그들은 정직과 순진함을 기만한 거였다. 내가 무엇을 위해 무슨 일을 이루어 놓은 건지 몹시 혼란스러웠다. 이건 아니다. 아니어야 했다. 이게 아니었다. 하지만 이미 엎지른 물. 효는 둘째고 최소한의 기본인 약속조차 지키지 않는 사람들. 더 무엇을 기대할 것인가. 더 이상 무엇을 기대할 수 있을 것인가. 이대로는 안 된다.

나는 책을 쓰기로 했다.

■ 기본이 무너진 대한민국, 이대로는 안 된다

내가 만든 대통령에게 내가 예언이자 당부하는 내용의 책을 쓰는 것, 아이러니라고 할까, 아니면 멜랑콜리 하다고 해야 할까. 아무튼 기분이 묘했다. 대통령으로서 반드시 하지 않으면 안 될 일들. 청와대에 수많은 원귀가 머물러 있으므로 천도하여 주지 않으면 반드시 대통령에게 액운이 따를 거라는 것. 또한 국립묘지의 호국영령들 역시 한시바삐 천도해주어야 했다. 그렇게 함으로써 국가에 크나큰 복락이 찾아오리라는 것, 아울러 국회의사당을 비롯하여 청부 청사들에 머물러 있는 원귀들 또한 천도해주어야 하며, 무엇보다 소외된 가난한 사람들을 위해 봉사해야 했다.

그리고 대통령의 어머님이 좋은 곳으로 가시지 못해 구천을 떠돌며 계속 후손들에게 나쁜 영향을 끼치고 계시므로 좋은 곳으로 보내드려야 했다. 그렇지 않을 경우 대통령 개인에게 엄청난 불행이 있게 되리라는 내용이었다. 그리고 마지막으로 집안에 관재구설이 있으리라는 것과 대통령 자신의 불행한 죽음이 있으리라고 예언했다.

책이 출판되고, 교보문고와 전국 서점들에 깔렸다. 책이 출판된 지 4일 만에 전국 서점의 책들이 전부 누구에 의해선가 회수되어 단 한 권 남김없이 사라져버렸다. 그야말로 또 한 번 확인하는 순간이었다.

이른 새벽. 곤히 잠자고 있는 제자들을 깨웠다. 평소 없던 일이었던지라 몹시 놀란 듯 제자들이 상기된 얼굴로 물었다.

"스승님, 무슨 일이십니까?"

나는 제자들의 물음에 담담히 말했다.

"어서 서둘러 떠날 채비를 해라."

"무, 무슨… 일이옵니까?"

"기어이 큰 별이 지고 말았다. 가보면 알게 된다."

이른 아침 고속버스로 노무현 전 대통령의 고향 봉화마을로 가는 중이라는 제자들한테서 전화가 걸려왔다.

"지금 막 뉴스가… 차내 라디오방송 뉴스가… 노무현 대통령이 자살했다는…"

몹시 놀라 당황한 탓에 숨도 제대로 쉬지 못하는 듯한 제자의 말은 심하게 떨리고 있었다.

그는 불행하게 현세를 떠나고 그의 가족들은 관재구설에 시달리고 있었다. 영계로 접속해보니 그는 어머니를 만나 함께 있었다. 좋은 곳으로 가지 못한 모자(母子)에 나는 슬픔과 연민으로 괴로웠다.

살아생전 내가 그토록 인터넷으로 그의 집으로 이메일을 보내고 편지로 불행을 미리 막고자 예언하였음에도 이렇다 할 답장 한 통 보내오지 않은 그였으니 더 말해 무엇 하리. 나는 그저 슬픔과 연민에 휩싸여 괴로울 따름이었다.

봉화마을의 봉화사 정토원에 계시는 나의 스승님이신 무진(無盡) 큰스님을 찾아뵙기 위해 길을 떠났다. 정토원에는 서거한 노무현 전 대통령의 반혼제(返魂祭)를 지내느라 북적거렸다. 그의 유골함이 마련된 수광전으로 가 영단(靈壇)에 안치된 유골함에 절을 올렸다. 이 무슨 기구한 인연이란 말인가. 나는 탄식했다.

무진 큰스님과 제자들을 만나 담소하는 내내 마음이 편치 않았다. 무진 큰스님의 말씀에 의하면, 자살하기 직전 절에 들러 모셔진 어머님의 위패 앞에 절을 올린 후 스님께도 인사를 하고 갔다는 거였다. 그리곤 자신의 집 뒷산으로 올라가 부엉이바위 절벽에서 아래로 몸을 던졌다는 거였다. 그 말을 듣는 내 마음은 찢기는 듯 아팠다.

고 노무현 대통령과 그의 어머님을 천도하여 극락으로 보내드렸다. 그러나 그의 비서진들 중 아무도 찾아오지 않았다.

"이게 현세의 인심이라는 것인가?"

나는 창공에서 조금씩 사라져가는 뜬구름을 젖은 눈시울로 올려다보았다. 뺨에 스치는 바람이 차가웠다.

예언자의 침묵

■ 예언자(預言者)의 침묵

—예언(預言)들

혹자에게는 아름다운 한점의 빛이며, 혹자에게는 외롭고 쓸쓸한 한점 빛, 혹자에게는 꿈과 희망의 빛이기도 한 까닭에 별은 외롭다. 타인이 모르는 비탄을 저 홀로 어두운 밤하늘에서 태우는 자가 예언자이다.

처연의 단상(斷想)

-일파 합장

이를 어쩔거나

이 세계 언어도단이
저 세계 불립문자(不立文字)를
말하여 달라 하네

이를 어쩔거나
이유한 물질세계
저 무한 영혼세계

처연함을 보지 못하네

■ 타인이 모르는 예언자의 비탄

예언자의 일이란 그리 쉬운 게, 간단명료하게 말하여질 수 있는 게 아니다. 예언자는 솔직해야 한다. 목에 칼이 들어와도 정직하게 예언해야 한다. 옳은 것은 옳다 하고, 그릇된 것은 그르다 해야 한다.

■ 예언자의 고독은 바로 그러한 정직함에 있다

세상 모두가 그렇다고 할 때에도 그렇지 않은 것에 대해 결연히 그렇지 않다고 고립을 각오하고 말해야 한다. 물론이다. 세상 전부가 그렇지 않다고 할 때에도 그것이 옳은 것이라면 죽음을 두려워함 없이 정직하게, 그것은 옳다고 말해야 한다.

■ 고독은 예언자의 심장, 곧 양심이다

아름다운 별을 가진 자에게 쓸쓸한 별을, 외로운 별을 가진 자에게 희망을 일깨우지 않으면 안 될 때에도 주저 없이 행해야 하는 예언자는 외로운 비탄자이다. 그런 까닭에 예언자를 혹자는 두려워하며, 위험한 존재로 멀리하며, 적으로 간주한다. 그러나 현명한 자라면 예언자의 그러한 고독을 헤아리고 이행하려 하며 무시하기보다는 귀 기울이려 할 것이다.

현세에서의 예시와 예언들이란 본인의 노력 여하에 의해 현실화되지만 현실 가능성은 천상 즉 영계로부터 깃든다는 걸 일깨우도록 돕는 자가 예언자이다.

■ 어느 한쪽에 편승하는 자라는 오해를 받는 자 또한 예언자이다

내가 삼성가의 불행을 예언하고 좋은 곳으로 못 가신 조상님들에 대해서 그렇듯 가혹하리만큼 피를 토해가며 말한 내가 그와는 반대로 조상님들이 좋은 곳에 가심으로 맑은 기운과 복락을 후손들에게 주는 현대가에 대해서 있는 그대로 말한다는 것에 있어 혹자가 의혹을 가지는 건 당연하다. 그러나 이 현세에서 영원한 것이 불가(不可)하듯이 완벽한 것 역시 불가함을 부정하지 않는 한 나의 예언은 정당하다.

삼성가의 불행을 막기 위해 그렇듯 냉대와 수모의 고초를 겪으면서도 굴하지 않는 것과 같이, 현대가의 발복(發福)에 있어서도 겸손과 겸허가 비굴함으로 곡해될 우려에도 불구하고 나 자신 돕고자 함은 그래서이다. 삼성가와 현대가를 발복시킴이 곧 이 나라를 위함이기 때문이다.

그러나 불행인들 영원할 것이며, 복락 또한 영원할 것인가.

다만 불행은 복락을, 복락은 불행을 내재하고 있음을 미리 깨달아 알려주고 예방해주며 한편으로는 모자람을 채워주는 역할을 해야 하는 것이 예언자로서의 내 천명(天命)이다. 이러한 이치(理致)를 일찍이 노자(老子)는 간파하여 말하였으니 바로 도가도비 상도 명가명비상명(道可道非 常道 名可名非常名) 도를 도라 하면 이미 그대로의 그 도가 아니요, 이름을 그 이름으로 부르면 이미 그대로의 그 이름이 아니다,라고 한 것이다.

이렇듯 천기(天氣)를 미리 알아 현세(現世)의 지기(地氣)와 합일(合一) 할 수 있도록 즉 천지조후 할 수 있도록 효 학문(孝學文)의 천지조후로써 사람들로 하여금 행복과 운(運)을 받을 수 있도록 도와주며, 소원성취와 뜻을 펼칠 수 있도록 인도하여 작게는 개인과 가정에 크게는 국가와 세계의 행복과 평화를 위함이나 일파의 천명이다.

아울러 돌아가신 분의 영을 살피어 천당(극락)으로 잘 가실 수 있도록 하여 드리고, 그럼으로써 맑은 기운으로 후손들에게 복락을 줄 수 있으며, 후손들이 그러한 조상 영들의 뜻을 알도록 전해주어 효(孝)로써 행복한 가정 더 나아가서는 평화로운 세상이 됨을 돕고자 하는 것이다.

■ 오직 그러한 일념(一念)으로 걸어온 지난 세월의 길은 가시밭길이었다

영계(靈界)로의 영 접속과 현세(現世)의 사람들 사이에서 겪어야 했던 질곡을 필설로는 다 할 수 없을 것이다. 돌아보면 보람과 회한이 교차한다.

예언에 거짓은 있을 수 없기에 한 치의 거짓과 눈치 봄 없이 목숨을 걸고 망설임 없이 솔직하게 예언함으로써 죽을 고비를 숱하게 겪어야 했다. 말 한마디가 곧 예언인 까닭에 겪어야 하는 나 자신의 운명은 때론 너무나 가혹하다.

과거 안기부장의 미래를 사실 그대로 한 점 거짓과 보탬 없이 예언하였다가 심한 고초를 당한 적도 있었다. 그 후로도 정·재계(政財界) 인사들과 인연이 되어 수없이 많은 예언을 했다.

고 김대중 대통령 당선과 북한방문을 예언 민주당 대권경쟁에 뛰어든 당신 노무현 의원 대통령 만들기, 고건 서울시장의 당선과 몇 %의 지지율로 당선될 것인지를 매스컴 보도에 앞서 소수점까지 정확히 예언하여 사람들을 놀라게 한 일, 시의원들과 대학 총장들에 이르기까지 그들의 소원을 성취하게 해주었고, 안타깝게 고 노무현 대통령과 김대중 대통령의 서거 예언에서 천도에 이르기까지, 연예인들의 슬픈 죽음과 사회의 비극적인 죽음의 영 들을 천도하여 좋은 곳으로 보내드림으로써 그들의 후손들이 발복할 수 있도록 도운 일들의 보람….

지난 십여 년간 나 자신이 남긴 예언에 얽힌 말들을 들추어 보면 감회가 새롭다. 나는 가끔 다시금 나 자신에게 반문하듯 그 말 들을 돌이켜보곤 한다.

내가 무슨 힘이 있고 빽이 있어서 당시의 최고의 권력을 쥐고 있던 안기부장의 정치 인생이 끝났다고 떠들고 다니며, 이건희 삼성그룹 회장이 관제 구설수에 오를 것이고, 자식이 죽는다 예언하고, 당신 같으며 당대의 세도가였다가 중풍으로 하루아침에 추락해 버린 최형우 의원의 병은 무슨 짓을 해도 절대 완쾌되지 않고, 오직 나만이 호전시킬 수 있다고 주장하며 다닐 수 있었겠는가.

하지만 나는 하나밖에 없는 내 목숨을 걸고 한 일이었다. 사실 그 당시 그런 정·재계의 권력층 사람들이 나를 어떻게 했을지라도 나 같은 사람 없어지는 건 아무도 모를 일이었을 것이다. 하지만 나는 거슬릴 것이 없다. 이미 세상의 모든 것을 버리고 이곳 제주도에서 기도와 천도만을 위하여 수행을 하고 있다.

나의 이런 힘겨운 삶을 뒤돌아보면서 나는 한국 최초로 순교자의 삶을 산 신라시대의 이차돈을 생각해 보기도 했다. 어쩌면 나도 그의 삶을 살고 싶은 것인지도 모르겠다. 당시 신라시대의 조신들의 반대로 불교의 국교화를 부르짖던 그가 결국 자신이 죽은 뒤에 반드시 이적이 있을 것이라고 예언하고 순교를 자청하고 나섰던 이차돈 말이다. 결국 그가 죽은 후에 그의 목에서 흰 피가 나고, 하늘에서 꽃비가 내리고 난 연후에야 신하들이 마음을 돌려 불교를 공헌했다는 이차돈의 순교처럼, 나도 이 한목숨 죽어서 나의 학문을 세상 모든 사람이 인정해 준다면 지금이라도 기꺼이 이 한목숨 바칠 각오가 되어있다.

제가 약 30년 동안 전 세계를 만행하면서, 저 미국의 트럼프와 힐러리, 트럼프와 바이든, 우리 한국의 노무현 대통령과 이회창 씨, 박근혜 전 대통령 탄핵, 저는 서울시장, 지자체장, 대학 총장, 국회의원들 참 예언 많이 했습니다. 그러나 이제 선거만큼은 정치만큼은 제가 이제 손을 뗐습니다.

왜냐, 아무리 해줘도 이용만 당하는 거 같아. 그리고 제가 또 나이도 있고, 우선 대통령이 누가 되느냐보다도, 우리 대한민국이 분단국가로 갈라졌어요. 제 소원은 우리나라가 통일되는 것입니다. 남북 평화통일이 예언은 제가 한 10년 전부터 20년 전부터 계속해 왔습니다.

지금이 2024년 말인데 앞으로 약 15년 후에 남북 평화통일 시대가 열릴 것이다. 이것을 이끌어나갈 대통령 과연 누굴까 제가 예언했습니다. 아마 저 예언을 들어서 미국의 신도죠. 여자 분인데 이분이 책으로도 발간했습니다. 그래서 저는 이제 남은 삶을 남북통일을 위해서 발복 기도를 할 것입니다. 누가 알아주든 몰라 주든 강화도 마니산 끝자락 이곳에서입니다. 마니산 이곳에서 제가 앞으로 죽는 그날까지 남북 평화통일을 위해서 기도할 예정입니다.

이 내용을 딱 설명하려면, 또 책한 두 권 분량이니까,

이 미국의 교포 박정옥[https://www.youtube.com/@아름다운새영별/featured] 씨죠. 이분이 쓰신 책을 누구나 이 인터넷으로 볼 수 있도록 여기에 링크를 해드릴 테니까 여러분 인터넷으로 무료로 다 읽을 수 있습니다. 내용을 우리가 잠깐 이 땅에 와서 열심히 노력하다가 또 가는 겁니다.

자기 후손들의 행복과 가문의 번성을 위해서는 무엇보다 정확한 비법으로, 명확하고, 확실한 천도를 해드리는 것이 제일 중요합니다.

효 학문의 비법에 대해서 효 학문연구소에서는 초지일관 떠돌고 고통받는 수많은 영혼을 천도하여 드리고 그 후손들이 행복한 삶의 운명을 누리도록 찾아주는 일을 하여 왔습니다. 한 사람이라도 우리의 효 학문을 이해하고 효 사상을 따르고 영혼

천도하여 준다면 그 이상 바랄 게 없는 것입니다.

천지조후, 이 인연의 고리를 거부할 수 있는 사람은 아무도 없습니다. 그러기 위해서는 왜 고통을 받고 고달픈 인생을 살아가야 하는가를 알아야 합니다. 눈에 보이지 않는 수백, 수천의 떠도는 영혼들이 그들을 찾아 절규하고 있고, 그들은 그 떠도는 영혼들의 좋지 못한 기의 영향을 수년, 수십 년간 받아 왔기에 가난에, 질병에, 절망에 살고 있는 것입니다.

참된 선행은 그들을 짓누르고 있는 수많은 영혼을 천도해 드리는 것부터 시작되어야 합니다. 효 학문연구소에서는 영혼 천도의 참 선행에 동참해 주실 것을 공개적으로 요청합니다.

참 선행은 떠돌고 고통받는 한 분의 영혼이라도 정성스러운 마음으로 모셔드리고 기도해 드리는 것입니다. 당신의 도움과 정성을 받으신 영혼은 그 고마움을 당신과 당신의 자손들에게 베풀어 주실 겁니다

우리 효 학문실천연구원에서는 지구상에 떠도는 영혼들을 천도하기 위해서는 많은 시간과 자금이 필요합니다.

당신이 우리 조국의 산하를 떠도는 수많은 영령의 영혼 천도재를 후원해 주신다면, 우리는 당신에게 자손만대까지 큰 복을 누리도록, 발복 기원해드리겠습니다.

"영혼을 접속하고 영계를 넘나드는 고행 끝에 터득하게 되

는 미래에 대한 예지력은 우리 학문의 지극히 일부분일 뿐입니다. 물론 그 일부분으로 여러분들이 알고 싶어 하는 미래에 관해 얼마든지 알 수는 있습니다. 우리는 모두 인간계에 살고 있으므로, 천기를 누설해서는 안 되기에(이것은 영혼을 조금이라도 공부하는 사람이라면 기본적으로 알고 있는 사실이다) 신의 영역에 도전하지 않습니다. 다만 인간으로서 할 수 있는 최선의 노력을 기울일 뿐입니다."

"죽어가던 불치병 환자가 호전되고, 중풍 환자가 뛰고, 망했던 사람이 성공하고, 고시, 선거 낙방생이 합격, 당선되는 그것은 저 일파의 능력이 아니고 그것은 그들이 진실된 마음으로 정성껏 모셔드린 '조상 영혼' 들의 보살핌과 기운이요, 각자가 가진 천기와 집안 조상 영혼들의 업보와 발복의 기운에 따른 저마다의 개별적 결과라는 것을 말씀드릴 뿐입니다."

예언자로서 살아가는 길이 생각처럼 쉬운 게 아님을 모를 때문일 것이다. 나 자신 뒤돌아보면 그 길 역시 앞으로의 길과 마찬가지로 아득하기만 하다. 지인들의 탐욕으로 인한 나와의 결별, 정치가들의 약속 저버림과 배신, 개인적인 생활의 제약과 고통에 서는 이 길로 들어선 운명을 눈물로 원망해보기도 한다. 그만큼 사람들의 영계에 대한 무지와 효 학문에 대한 무관심의

골 깊음은 나에게 깊은 상처로서의 아픔인 것이다.

그럴 때면 나는 현충사에 가곤 한다.

나라를 위해 목숨을 바친 분들 앞에서는 약해진 마음을 다잡게 되기 때문이다. 예쁜 꽃들로 장식된 묘들 앞에서 아직도 좋은 곳으로 가지 못한 영령들을 위해 겸손과 겸허로써 다짐하곤 한다. 한 분 한 분 모든 영령을 천도해 좋은 곳으로 가시도록 하겠다는 각오를 알아주는 이 없어도, 나의 운명이자 스승님과의 약속인 까닭이다.

국가와 민족을 위해 목숨을 걸어라, 하시던 스승님과의 약속을 지키기 위해 정·재계 인사들을 돕고자 하며, 하고 있음을 현세의 사람들이 알아주지 않아도 영계의 영들, 하늘은 아시고 용기 주심에 늘 감사한다. 오늘도 현충사의 영들은 예쁜 꽃으로만 위안받을 뿐이어서 슬프다. 이 나라의 정·재계 인사들은 언제나 호국영령들의 바람을 알아줄까. 애석하다.

■ 산 자, 사람과 죽음에 관하여 말들 하지만 말에 불과할 뿐임을 어이하리

별들은 사라지는 게 아니라 우주 공간 어디엔가에 존재한다는 걸 증명한 현 과학시대에 사람은 죽으면 그만이라는 사고(思考)와 영계에 대한 부정이야말로 미신이다.

묵상(默想)을 접고 눈을 들어 내다본 토굴 밖에 눈발이 휘날리고 있다. 사람의 한 생도 저렇듯 부나비 같음을 나는 침묵으로 말을 대신한다.

■ 세상을 향한 외로운 외침

부디 조상의 국운 상승을 위한 예언과 복락 주심을 저버림 없이 위로는 이 나라의 조상분들 중 못 가신 원호들을 천도하여 드리고, 아래로는 소외된 가난한 이들을 도움으로 더욱더 정치와 경제의 상승이 국운 상승으로 발전할 수 있게 되기를 바란다.

마니산 토굴에서

-일파 합장

눈발이 허공에서 부딪침 없이 내린다
빗줄기 서로 꼬이는 법 없이 내리듯
서로 뒤엉켜 다투지 않으며 살아가는 법
지상 어디에 있을 거라고 나는 믿는다
산사(山寺)의 불빛은 밤의 숲에 깊고
이승의 영혼은 저승으로 갈길 멀다

■ 비탄의 침묵은 세상을 향한 외로운 외침이다

현세인(親世人)들에게 영계(靈界)의 영혼에 관한 말은 농담에 지나지 않으나, 영계의 영혼들에게 현세인들의 농담은 불편한

진실이다. 더 이상 귀신이 현세의 은유가 아님을 현세의 상황들이 펼쳐 보이고 있음에도 농담으로만 소통하고 소비하는 사람들에게 나는 말한다.

2008년 12월에 제주도에서 추자도로 들어가 조용히 수도하고 있던 나는 나만의 수도가 전부는 아니라는 생각에, 다시 제주도로 돌아온 1월부터 상담과 천도재로 좋은 곳에 못 가신 조상들을 좋은 곳으로 가시게 해드림으로써 불행한 사람들을 돕고자 했다.

그때 안재환의 누나가 무속인이 되었다고 세상이 시끌했다.

이상하다는 생각이 들었다. 안재환의 영은 내가 직접 천도해 좋은 곳으로 보내드렸는데, 누나가 무속인이 되어 동생인 안재환의 불행한 죽음에 관한 비밀을 보았다느니, 매스컴에서 밝힌 것과는 다르게 숨겨진 진실이 따로 있다느니, 하고 주장한다는 거였다. 이상히 여긴 나는 안재환의 누나 사진을 보며 영을 접속해보았다.

그럼 그렇지, 안재환의 영은 좋은 곳에 잘 있었다. 나는 누나 안미선 씨가 어떤 신을 받았나 알아보았다. 그리고 알았다. 거짓말이었다. 그래서 나는 그 사실을 말했고, 그로 인해 시끄러워졌다. 정말 안재환의 누나가 거짓말을 한 것이냐고 물어오는 사람도 있고, 시비를 거는 사람도 있었다. 나는 딱 잘라 말했다. 안미선 씨의 주장은 거짓말이다.

“고 안재환 씨의 누님께서 신을 받았다고 하시는데, 그분께는 신이 없습니다. 다만 조금의 원귀는 있지만, 정신을 지배하는 원귀는 없습니다. 절대 거짓말입니다. 주장하는 것처럼 무속인이 되었다면 신내림을 해주었다는 그 무속인의 이름과 언제 어디에서 내림굿을 했는지, 어떤 신이 본인의 몸에 접속되고 있는지 상세히 밝혀 주시기 바랍니다. 영을 상대로 장난치면 큰 벌을 받습니다.”

요즘 세상 사람들은 워낙 거짓말을 잘하고, 거짓말이 판치고, 가짜들이 진짜 행세를 하다 보니 영을 가지고 사기 치는 자들이 많다. 무속인들의 세계, 종교계, 법사, 퇴마사들 중에도 신을 빌려 장난치는 가짜들이 많다. 그나마 다행이라면 그들에게는 신이 없다는 것이다. 그래서 그들은 신 무서운 줄 모른다. 그럼 신이 없으므로 신에게 벌 받을 일도 없을 거라고? 그랬으면 구천을 떠도는 영들도 없지 그런데 지옥이 왜 있겠수? 나는 반문한다.

■ 그러므로 거짓말해서는 안 된다

—만약 내 말과 예언이 거짓이고 사기라면 내 목을 쳐라!

수많은 예언을 해왔으며, 수없이 영계를 접속하여 영들을 천도하였으며 헤아릴 수 없이 많은 사람을 직접 만나 상담하였다.

도의(道義)는 땅에 떨어졌고, 욕망만 비대해진 사람들은 급기야 백만 원 때문에 존속살인까지 서슴지 않는 세상이 되었다. 그 어느 곳, 어느 분야를 들여다보아도 평안과 행복이 없다. 마치 사회 전체가 거대한 사이비 종교집단과도 같다. 광기와 광란, 탐욕만 충족하면 그만인 사랑에의 봉사가 미약한 사회는 눈 돌리는 곳마다 거짓 예언이 넘쳐나고, 거짓 예언자들과 거짓 천도재가 판치는 독기(毒氣)의 그늘만 짙다.

그런 까닭에 내 예언은 계속되었고, 예언은 빗나가지 않고 적중했다. 그러나 사회는 무감각할 뿐이어서 눈 하나 깜짝이지 않는다. 단지 농담쯤으로만 여긴다. 이러한 불감증의 원인은 어디에 있는가. 뿌리를 상실했기 때문이다. 마치 뿌리 없는 밑동만으로 허공의 바람 속에 떠 있는 나무와도 같은 사람들의 사회와 가정, 한결같이 상실하고 없는 인간성과 도의, 뿌리인 조상에 대한 효(孝)가 없기 때문이다.

이렇듯 척박한 땅이 메마른 하늘을 만들며, 건조한 하늘이 불모지(不毛地)를 만든다는 이치(理致)는 굳이 과학의 이론(理論)이 아니더라도 우리는 안다. 하면서도 극악한 현세의 삶이 영계의 원귀를 양산한다는 이치는 부정한다. 오직 현세를 전부라고 여기면서 살아가기 때문이다. 오직 저울의 한 축인 과학에만 의지하여 효와 도의마저 계산하려고만 한다. 과학의 새로운 증명은 수긍하고 믿어도 자신들이 미신이라고 규정해놓은 미지에의 예시와 예언은 단지 유추의 은유나 농담으로만 여긴다. 하여 나는 또 예언한다.

■ 거제 대우조선소 터, 문제가 많다

어젯밤에 거제도 쪽으로 영을 접속해보고 알았다. 수많은 원귀가 모여 산사람들을 잡아가니, 대부분이 6·25 때의 거제 포로수용소 원귀들이었고, 그 원귀들은 울부짖으면서 거제 대우조선소 터에 모여 산 사람을 잡아가니….

이러한 불행을 믿지 않는 세상 사람들에게 어떻게 알려야 할지 난감하기만 하다. 그러나 예언만 중요한 것이 아니라, 불행을 막기 위해 미리 원귀들이 사람을 해치지 못하도록 비법을 써야 대우조선소 직원들이 안전할 텐데…. 귀 기울여 듣는 사람들도, 믿는 사람들도 없는 이 세상에서… 아 서글프다. 서글프기 한량없다.

■ 2010년, 대우조선소는 많은 직원이 안전사고로 불의의 사고를 맞게 되는데

그 참상에 차마 더 이상 말을 잊지 못하겠다. 회사도 힘들어지고,안전사고 등으로 인해 노동청은 관제 구설에도 오르내리게 될 것이며, 그 원인은 수많은 원귀 때문이다. 그들 구천을 떠도는 영들로 내 가슴이 아프다. 도움 주는 세상 사람들 없이 나 혼자만의 힘으로는 역부족이니 알면서도 어찌할 수가 없다.

정치의 근본이 수신(修身)과 제가(濟家)에 있고, 학문이 정신과 마음에, 사랑에의 행복이 희생과 봉사에 있다고 말들 하지만, 한 걸음 더 나아가 영(靈)의 문제로까지는 미치지 않는 눈(眼)과 마음으로 그 모두를 아우르려 할 따름이다. 그렇듯 영안

(靈眼)이 없는 한 과학의 증명 역시 현현할 수 없음을 간과한 채 살아가는 현대인. 어디에서 무엇으로 국가를 위한 충(忠)을 정의 행복을 위한 효(孝)를 인간됨을 위한 법(法)을 찾아 올곧게 세움으로써 현세에 평화와 행복의 번영을 펼칠 것인가.

국가와 민족을 위해 목숨을 희생한 호국영령(護國英靈)들은 오늘도 묘(墓) 아래 잠들어 구천을 떠돌며, 도의(道義)를 상실하고 죽은 업(業)에 의해 억울함으로 한(恨) 맺힌 원혼들은 좋은 곳으로 가지 못하고 있다. 따라서 현세를 살아가는 후손들에게 도움을 청하건만 후손들은 외면하고 있다. 언제까지 정치는 물질추구의 욕망 해결만 우선시할 것인가. 언제까지 경제는 약육강식(弱肉强食)을 정당함으로 삼아 욕망의 충족만 부추기고 소비할 것인가.

이에 나는 오늘도 이렇듯 세상에 외로이 외친다.

내 말과 예언이 거짓과 사기라면 내 목을 쳐라!

그러나 그럼에도 불구하고 아직도 나의 외로운 외침은 현세의 사람들보다 영계의 영혼들만 공감하는 듯, 근래 현세에서 일어나는 사건사고가 증명하는 것 같아 마음이 편치 않다.

■ 오늘도 나는 기도한다

여기 계룡산 토굴에서 이 나라의 미래를 내다보며 걱정하는 한 외로운 예언자에게 돌을 던지듯 현세의 혼돈에 정의를 던져 줄 영웅들을 나는 기다린다. 위로는 영계의 망자들을 아래로는 현세의 사람들을 극락과 복락으로 인도하여 줄 영웅들이 현세의 잠에 서 깨어나기를 바라며 오늘도 나는 기도한다.

인간의 운명에 관한 비밀을 담고 있는 효 학문(영혼 철학 학문)으로 성웅(聖雄) 이순신 장군을 영계에서 만났듯이 이 나라에서 더 많은 영웅이 현현(顯現)함을 나는 본다. 어찌 한 점 거짓이 있을수 있으리.

현세에서의 거짓은 영계에 대한 사기, 즉 하늘에 대한 기만이며, 그 대가의 무서운 결과를 누구보다 잘 아는 내가 어찌 영을 상대로 거짓을 행할 것인가. 현세의 사람들을 상대로 이기적 탐심을 가지리. 현세에서의 죄는 영계에서의 영원한 벌을 자초함이니, 이순신 장군과 신령(神靈) 최영 장군을 거울삼아 삶에 한 점 사리사욕 없이 죽음에는 그 어떤 변명과 합리화도 용서치 않는 하늘의 분명한 이치(理致)를 지키고 따르며 겸손과 겸허로 살아야 함을.

예수는 사랑으로 부처는 자비(慈悲)로 일러주었으니, 현세에서는 가난하고 소외된 산 자들을 위해 보시(布施)로 선업(善業)을 쌓고,영계에서는 천도로써 천명(天命)에 순종하려 함이니.

원효대사의 진짜 천도비법이 나에게서 끝나려 하는 불행한 지금, 나의 천명은 현세의 사람들에게 비법을 널리 알리고 한편으로는 영혼들을 좋은 곳으로 가시도록 돕는 것이다. 또한 사람들로 하여금 선업을 짓게 하고 그럼으로써 현세에서는 소원성취를 죽어서는 좋은 곳(천당, 극락)으로 갈 수 있도록 돕는 것이다.

나 자신 죽음의 문턱에서 기사회생하여 스승이신 청송선사(青松禪師)와의 만남으로 영혼의 세계를 접하게 되었고, 터득하게 되었으며, 세상에 널리 알려야 하는 천명을 지키며 십여 년간 실행해오고 있다.

지금까지 순국선열 및 호국영령을 위한 '국립묘지 영혼 천도재' 뿐만 아니라 어려운 환경의 아이들을 위한 '장학 사업'과 양로원, 보육원의 '사회복지시설 지원 사업'이 그것이며, 단순히 물질적인 지원뿐만 아니라 생활고와 외로움에 고통받고 있는 이웃들을 위하여 한 명 한 명 도움을 주고자 조상 영혼 천도와 발복 기도를 행하고 있다.

아울러 무엇보다 먼저 일본, 베트남, 필리핀, 중국, 러시아 등 세계 도처에 산재되어 있는 우리 선열들의 원혼을 조사 발굴하여 한 분의 영혼이라도 그 원한을 위로해 드리고 고국으로 모셔오기 위해 해외 순국선열 귀환 천도를 하고 있다.

또한 범민족적인 천도, 위령 사업을 통해 원혼들의 넋을 달래고 소외되고 어려운 이웃을 위해 봉사하며 국운 상승에 힘쓰는 한편 큰 선행을 베풀고자 노력하고 있다. 행복한 운명은 불행한 후에 깨우치고 각성하는 것보다 불행해지기 전에 예방하는 것이 더욱 중요하기 때문이다. 그러기 위해서는 조상의 영혼 천도부터 해주는 것이 급선무다. 우리는 지나간 역사에 대해 기본적인 책임부터 다하고 근본부터 새롭게 다져나가야 할 것이다.

■ 살아 계신 분께도 효(孝)요, 돌아가신 분께도 효(孝)다

역사에 희생되어 억울한 원혼이 되어 황량한 이국땅을 떠돌고 계신 수많은 우리의 선열들을 더 이상 버려두어서는 안 된다. 하루빨리 우리 후손들이 직접 그 영혼들을 모셔드려야 한다. 그러나 무엇보다 정확한 비법으로서 제대로 천도해드리는 것이 중요하다. 사람이 죽고 사는 것처럼 신성하고 엄숙해야 하는 것은 없기 때문이다.

경험해 본 사람만이 질병의 고통, 불행의 고통, 자살의 고통, 자신이 처한 환경의 고통 등을 알 수 있듯이, 우리 자신 아프고, 병들고 죽기 전에 예방하는 것이 더욱 중요하고 뜻깊은 일임을 잘 알고 있다. 아무도 돌보지 않는 소외된 영혼들과 소외된 이웃, 죽어가는 이들을 돌보고 그 무엇보다 지금 이 순간에도 선행에 참여하여 솔선수범하고 행동하는 참사람이 되어야 한다.

그리하면 자손대대 복을 받는 선행이 될 것이다. 그러한 마음으로 나는 이 나라 이 민족의 번영된 미래를 위한 각종 홍보활동과 복지, 영혼 천도 사업에 온 힘을 기울여왔고 앞으로도 계속해 나갈 것이다.

그러나 아직도 어려움이 많다. 그 어려움 중 하나가 거짓 천도재로 사기 치는 자들로 인해 나의 효 학문에 대해서도 불신하게 되고 의심하여 외면하는 것이다. 비법의 하나인 조상 5대조에 이르기까지의 잘 가신 분과 못 가신 분들을 살피어 단 한 번 천도해 드렸음을 확인시켜 주었음에도 반신반의(半信半疑)하는 것이요, 현세에서의 짧은 욕망과 풍요의 생이란 한갓 부나비와 다를 게 없이 영계에서의 구천을 떠도는 슬픔과 고통의 길고 긴 후환(後患)임을 자각하지 못한 채 눈 감고 있는 것이 그것이다.

그렇기에 나는 이 나라의 번영과 발복이 현세에서 이루어지고, 먼저 가신 조상들 가운데 구천을 떠도는 분들이 좋은 곳으로 가시도록, 가진 자와 못 가진 자를 현세와 영계를 드나들며 온갖 고초를 겪으면서도 포기하지 않는 것이다. 수많은 멸시와 외면, 농락과 사기, 배신과 굴욕의 슬픔과 고통에도 불구하고 말이다.

■ 산 자와 죽은 자의 운명을 바꾸는 천지조후(天地組後)의 기운

현세의 우리는 조상님과 함께 살아가고 있으며, 조상이 무너지면 현세에서의 모든 것이 무너짐을 자각하여 무지로 감은 눈을 떠야 한다. 이 거짓말투성이인 세상, 현세에서의 그게 무엇이든 산 자들을 기만하여 사기 치는 것들에 더는 속지 말아야 한다. 그것은 욕망과 탐심으로 축적한 재물일 수도, 지식일 수도, 종교일 수도 있다.

부디 효 사상을 이해하여 자신에게 찾아온 불행을 행복으로 바꾸는 현자(賢者)가 되기를 바란다. 운명은 천신(天神)과 지신(地神)의 기(氣), 조상신(組上神)과 후손의 기가 어우러져 만들어짐을 깨달아야 한다. 살아생전 부모에 대한 효의 마음을 다하고 돌아가신 후에도 조상을 잘 섬기며 정성을 다함으로써 잘 가신 조상님이 변함없고 아낌없이 좋은 일만 생기도록 도와주심에 감사하는 마음을 가져야 할 것이다.

■ 국운 상승 영가천도, 이는 곧 이 나라를 위한 충정의 호소이다

나의 이러한 노력은 국운 상승을 위한 영가천도이며 이는 곧 이 나라를 위한 충정(忠情)의 호소이다. 정치와 경제가 오늘만 기억하지 않고 미래를 내다보듯이 나는 현세에서의 현상만 보는 것이 아닌 영계로부터의 예시와 예언을 전하는 사람으로서 후손을 위한 조상의 복락을 전달코자 함이다.

그러함이 곧 나를 일본에서 이 나라로 불러들인 충무공(忠武公) 이순신(李舜臣) 장군의 뜻이며, 신령(神靈) 최영(崔瑩) 장군의 약속이기도 한 것이다. 그렇듯 영계에서도 끊임없이 이 나라의 국운 상승을 위해 염려하고 복락을 주시고자 함에도 후손들은 알지 못하니 나로 하여금 전달케 하신 것이다. 하여 충정으로 호소하시는 조상님들의 뜻을 전하고 복락을 받아 더욱 발전하게 돕고자 하시는 것이다.

불운이 바로 앞에 도래했음을 예언하여 주었음에도 무시할 뿐으로 현재 기운이 쇠잔해져 가는 대기업과 정계인사들에 나는 슬픈 것이다. 그들의 쇠잔은 곧 이 나라의 국운 쇠잔이기 때문이다.

현실이 이러한데도 보이지 않고 들리지 않고 만질 수 없다 하여 불신하며 단지 황당무계한 몽상, 판타지의 이야기쯤으로만 터부 한다. 그러나 현실을 보라. TV를 켜면 바로 오늘 우리 앞에 현시되어 보여주는 나의 예언이 사실임을 전달하고 있지 않은가. 신문을 펼치면 내일을 염려하는 말들이 흘러넘치지 않는가. 현실이 이러한데도 내 충정의 예언을 믿음으로 받아들여 발전의 계기로 삼는 정계와 재계인사들 적음에 나는 안타까움을 피 토하는 심정으로 호소하는 것이다.

부디 조상의 국운 상승을 위한 예언과 복락 주심을 저버림 없이 위로는 이 나라의 조상분들 중 못 가신 원호들을 천도하여 드리고, 아래로는 소외된 가난한 이들을 도움으로 더욱더 정치와 경제의 상승이 국운 상승으로 발전할 수 있게 되기를 바란다.

■ 불행한 성웅(聖雄)과 신령이 없는 성(聖)과 영(靈)으로 거듭 태어나야 한다

오늘도 나는 혹자로부터는 한갓 점쟁이로, 몽상가로, 판타지 이야기꾼으로 오해받고 곡해되는 멸시와 고통을 견디며 이 초라한 토굴에서 기도한다. 귀 막아 듣지 않는, 눈 감아 보려 하지 않는, 영을 닫아 거절하는 이들에게 나는 세상을 향해 외로이 외친다.

나의 모든 예언과 실행이 거짓이라면, 내 목을 쳐라!

효와 복락이 한자리에 모인 곳, 현세와 영계의 길이 우리나라 더 나아가서 국가를 초월하고 분열된 종교를 초월하여 천당(극락)으로 이어지는 자유자재의 사람됨을 위하여 이 성스러운 기도와 사랑의 선업에 동참하여 불행을 행복으로 바꿈으로 영혼의 상처를 치유하고, 영원의 눈으로 지혜에 눈떠야 할 것이다. 그리하여 다시는 불행한 성웅(聖雄)과 신령(神靈)이 없는 성(聖)과 영(靈)으로 거듭 태어나야 한다.

여기 토굴에서 지금 나는 효로써 천지조후, 신과 인간, 부모와 자식, 스승과 제자가 이분법이 아닌 하나로써의 깨달음에 들어 과학과 미신, 지식과 무애(無碍), 종교와 일상의 변별이 사라진 정도(淨土)의 현세가 이루어질 그날을 미리 본다.

끝맺음

■ 다시 한번 더 피를 토하는 심정으로 전 국민에게 호소합니다!

단기간 천만 관객 열풍을 이끌어 낸, 난세의 영웅 이순신 장군을 잘 그려낸 영화 〈명량〉. 우리는 그 영화를 보면서 어떤 감동과 흥미를 느꼈는가? 단순히 12척의 전함으로 수적으로 우월한 일본군을 격침 시킨 것에 통쾌함을 느껴야 하는가.

짧은 순간 흘러가는 그 비장한 장면에서 그냥 흘러버려서는 안 될 명심하고 또 명심해야만 될 내용이 있다. 우리는 예로부터 길, 흉,화, 복을 맞을 때, 명절 때 조상의 음덕을 생각할 때, 누구나 할 것 없이 한 번쯤은 용기와 기쁨을 얻어 슬픔과 괴로움을 극복하고 싶어 한다.

이것이 우리가 어릴 때부터 죽는 그날까지 귀에 딱지가 앉고 대를 이어 행하여야 할 효이기 때문이라는 것을 내 마음은 안다는 것이다. 결국 나를 낳아주신 부모님, 선대조상을 찾는 믿음이 강하다는 것이며 꼭 도와주실 거라는 믿음의 연결고리를 확신한다.

영웅 이순신 장군 또한 그 믿음에 호소하고 두려움을 용기로 바꾸고자 출전하기 전 돌아가신 어머님의 위패를 모시며 간곡히 부탁하고 또 부탁한다. 그냥 흘러버려서는 안 될 어느 누구나 행하여야 할 효이다. 효만 행하라. 살아서도 효이고 특히 나에게 미쳐지는 가장 큰 영향이 돌아가신 분에 대한 효이다.

본문에도 누차 강조하고 강조하였지만 나에게 미쳐지는 영향, 나의 근본이자 뿌리 5대조까지의 선대조상의 안위만 정확하게 확인하고 행한다면 탄탄대로의 삶을 누릴 것이다. 근본이자 뿌리를 미신으로 치부하고 살펴보지 않고, 효를 행하지 않는다면 성공, 출세, 부자, 훌륭한 자녀는 꿈도 꾸지 말 것이며 바라지도 말아야 할 것이다.

언젠가는 당신도 육체와 영이 떨어져 살아온 선업에 따라 돌아갈 때, 좋은 기운의 영이 되어 후손을 무한정 도와줄 수 있는 선대의 음덕으로 남을 수도 있을 것이다. 업보에 따라 떠돌며 영계에 들지 못하고 힘들고 어려움을 호소하는 나쁜 기운으로 본의 아니게 금쪽같은 나의 자식, 손자에게 나쁜 기운의 파장을 전해줄 수밖에 없는 날이 올 것이다.

지금이라도 늦지 않았다.

효를 행하고 선업을 쌓아야 할 것이다. 그것이 한 명이 열명 되고, 열 명이 백 명 되고, 백 명이 천 명이 되어간다는… 피를 토하는 심정으로 국민에게 호소한 20년간의 나의 수행의 근본이다. 그리할 때, 이것이야 말도 국운을 상승시키는 밑거름이 될 것이며, 세계 최고의 부강 국가 대한민국으로 가는 길일 것이다.

나의 성공, 출세, 부자 그리고 모든 부모가 갈망하는 훌륭한 자녀의 열쇠고리는 바로 나의 근본인 조상님과 연결된 기와 미쳐지는 파장이라는 것을 꼭 명심하기 바란다.

마지막으로 조상의 기운과 더불어 중요한 한 가지를 당부드린다. 살아있는 사람과 공존하여 살아가며 살아있는 사람보다 더 많은 수의 떠도는 영혼의 울부짖음으로 나의 가족이 나의 터전이 지금 이시간에도 무참히 유린당하고 있다. 이러한 예는 비상식적인 사회 현상으로 나타나는 것을, 언제나 남의 일처럼 보아오는 뉴스와 지면으로 보면서 격앙된 마음, 분노의 마음을 순간순간 느꼈을 것이다.

■ 한평생을 바쳐 일궈낸 꿈을 절규의 흉으로 바꿔버린 터

이 터에 대한 것은 제가 만행 중 점검하고 도움을 드린 실화로써 몇 번을 강조하여도 부족하지 않다. 나의 삶의 터에 대한 중요함의 경각심을 강조하고 또 강조한다.

저는 어디를 정해놓고 가는 터가 없다. 터 기운의 흐름에 따라 산으로 바다로 빌딩으로 주택으로 다니며, 인연이 되는 사람에게 도움을 주고 있다. 이러한 일로 제가 만나 집안과 사회적 지위가 발복되어 탄탄대로를 걸어가는 된 사람의 요청이 전국적으로 많다.

터에 대한 실제 사례가 많지만 절박하고 충격적인 사례로 경각심을 일깨워 주기 위해 한편의 단막극으로 전해 드리고자 한다.

여러분의 가족들이 생활하고 훌륭한 자녀가 나오기를 바라는 삶의 터, 대박과 부귀영화를 꿈꾸는 사업의 터를 원하신다면, 아니 그 길을 위해 혼신의 힘을 다해 달려가고 있다면 이 책을 읽기 바란다. 그리하여 터에 대한 경각심을 일깨우고 모래성이 되어 무너지기 전에, 경고장이 나오기 전에 아무런 말 없이 묻지도 따지지도 말고 터를 점검하여 발복시켜야 한다. 그것이 당신이 원하는 소망을 위해 평생을 일궈낸 보람찬 결과물에 플러스알파가 될 것이다.

■ 무조건 발복시키고 살펴봐야 하는 집안 명품자녀, 최고의 집안 만들기

명품자녀 즉 엄친아를 만들기 위한 우리 부모님들, 자녀 기 죽이기 싫다고 비싼 사교육을 마다하지 않고, 비싼 명품 옷을 사주고 먹을거리 하나하나까지도 명품을 선호하고 구입하는 것이 유행이 되었다. 대한민국은 지금 명품자녀를 만드는데 열풍입니다.

또한 자녀들이 의욕도 없이 왜 날마다 학교를 가야 하는지 모르고 있는데 왜 많은 돈을 뿌려가며 이름을 날리는 학원가를 전전해야 하는가. 웃음 잃은 아이들이 주인공처럼 막다른 골목으로 알 수 없는 불안감과 무서움에 전염되어 마구 달리고 있는 아이들, 무작정 그 뒤를 쫓는 부모님들이여!

모든 가치는 명품이 최우선이고, 부모들의 잘못된 허욕으로 아이들의 꿈을 저버린 채 성적순으로 비례하여 줄 서 있는 끔찍한 현실이야말로 아이들의 명품자녀는 이미 관심 밖이 되어 버린 것은 아닐까요? 단 한 번쯤은 과연 우리 자녀들에게 무엇을, 얼마만큼, 어떻게, 잘해 줄 수 있으며 꼭 필요한 것이 무엇인지 다시 한번 돌이켜 생각해봐야 할 때입니다.

명품자녀를 만들기 위해 공부에 취미도 없는 자녀에게 공부하라 닦달하며, 공부만 하라고 해서 공부할 거였으면 벌써 자리 잡고 공부하지 않았겠습니까?

■ 도대체 명품자녀가 뭐라고 생각하십니까?

그깟 영어 한번 잘해보겠다고 멀쩡한 혀를 자르고, 태어나지도 않은 아이에게 태교라 한답시고 오전에 영어 CD, 오후엔 불어 CD, 밤에는 교향곡을 틀어 줍니다. 나의 아이를 최고로 만들기 위해서 허영과 가식을 앞세운 우리 부모님들 도대체 무슨 짓을 하고 있는 것입니까?

그렇다면 이렇게 애지중지 키운 자녀가 부모 자신이 원하는 방향과는 정반대의 방향을 간다면 부모라면 이렇게 말하겠지요.

'네가 뭐가 부족하냐? 비싼 학원, 비싼 음식, 비싼 옷 모조리 네가 해 달라고 한 것을 다해줬는데 뭐가 불만인지 말 좀 해라."

`이렇게 말씀하시겠지요. 제 말이 맞지 않나요?

이렇게 자신의 기준과 잣대로만 자녀를 닦달하고 몰아세울 것이 아니라 자녀가 부모가 원하는 방향대로 가지 않고 자꾸 어긋나기만 하는 이유를 알아야 합니다. 원인 없이 발생하는 결과가 없다는 생각은 우리나라뿐만 아니라 동서고금을 막론하고 전 세계가 똑같은 이치라는 것입니다.

이 글을 읽고 있는 많은 부모께서는 진정으로 명품자녀를 만들길 원하신다면 중요한 핵심 하나를 꼭 기억해야 할 것이 있습니다. 자녀가 잘되고 안 되고는 집안이 명품 집안으로서 훌륭해야 그 후손들이 잘되는 법입니다.

'콩 심은 데 콩 나고 팥 심은 데 팥 난다'는 말이 있듯이 명문가 집안과 명품자녀가 나오는 집안은 그냥 명문가 집안이 되었다고 생각하십니까? 다 그만한 이유가 있고 명문가 집안으로서 유지할 수 있는 그들만의 특별한 비법이 있었기에 가능했던 일입니다.

명품 집안은 조상님들께서 모두 좋은 곳으로 가셨기 때문에 후손에게도 좋은 영향을 미치는 것입니다. 아무리 후손이 현 상태에서 잘하려고 노력을 해도 일이 안 되고 꼬이는 것은 조상님들께서 구천을 떠돌며 자신을 도와달라는 영파를 보내는 이유입니다. 반드시 자신 5대조까지의 조상님의 안부를 확인하고 못 가신 조상님들을 잘 가시게 해야만 합니다. 이것이 명품자녀를 만드는 기본이라는 것을 말씀드리고 싶습니다. 꼭 조상님의 안부를 확인하시어 자신의 자녀를 명품자녀로 만들기 바랍니다.

■ 집 터, 사업 터, 장사 터

장사가 잘되는 비법 요즘 전 국민이 로또를 합니다. 로또 판매점을 보면 1등이 세 번 나왔다. 명당이다. 터가 명당이다. 이런 말들을 들었을 겁니다. 1등 나오는 자리에 1등 자주 나옵니다. 이것은 우연의 일치가 아닙니다. 그래서 우리 조상님들은 명당, 명당 그랬습니다. 바로 우리가 음식점을 하던, 노래방을 하던, 자녀들이 공부를 하던, 명당이 되어야 합니다.

우리는 어느 누구나 부자가 되고 싶습니다. 장사가 잘되어야 합니다. 망할 필요는 없잖습니까? 그런데 왜 망하느냐 이겁니다. 개업을 했는데 망합니다. 손님이 떨어집니다. 명당이 아니기 때문에 간단이 얘기하면 우리는 한 번 태어나서 한 번 죽습니다.

죽을 때 종교에서 천당 갔다, 지옥 갔다, 이런 말을 합니다.

그런데 과연 내 아버지, 내 조상님이 천당을 갔느냐, 지옥을 갔느냐, 이것을 모르는 겁니다. 이것만 알면 숙제가 풀리는데….

각 사람마다 자기가 다니는 종교가 있습니다.

스님, 목사님, 신부님에게 물어보면 그분들이 주관했으니까 다 잘 갔다고 그럽니다. 또 어느 무속인 집에 가니까. 굿을 하니까. 또 잘 갔다 그럽니다. 하지만 정말 잘되었는지 그걸 모릅니다.

터에 대해서 설명을 해드리겠습니다.

누가 돌아가시면 영안실로 갑니다. 돌아가시면 육체는 땅에 남고, 영혼은 저 하늘로 가시는데 잘 가신 분은 우리를 도와줍니다. 무한정으로 도와주십니다. 그런데 못 가신 분이 계시면 그분은 나를 좀 도와줘 이러면서 자꾸 찾아오게 되어있습니다. 그게 우리에게 나쁜 영향을 미치는 겁니다. 즉 잘 가시고 못 가시고는 그분의 업보입니다.

이 땅에서 얼마나 착하게 올바르게 살았느냐, 못 살았느냐, 그분의 업입니다. 저도 죽을 겁니다. 여러분도 죽을 겁니다. 그래서 누가 돌아가시면 천도재도 해드리고, 굿도 해드리고, 기도도 해드립니다. 내 아버지, 내 어머니 그런데 눈에 안 보입니다.

저는 진짜 천도재를 주장하고 있습니다.

여러분 대한민국에 묘지, 산소 많잖습니까. 국립묘지 많죠. 이걸 꼭 아셔야만 여러분이 부자가 됩니다. 아무 산소에 가서 술 한 잔 따라드리세요. 남은 술은 따로 덜어 놓으세요.

3분 있다가 따르지 않은 술과 따른 술의 맛을 비교해 보세요. 잘 가신 분은 맛이 순해집니다. 반대로 귀신이다, 구천을 떠도는 영가는 맛이 독합니다. 즉 잘 가신 분은 뭐 해드릴 게 없습니다. 못 가신 분은 나를 찾아오기 때문에 바로 나에게 나쁘게 미치기 때문에 천도를 해드려야 합니다. 그러다 보니까 우리가 안 되면 무당집도 가고, 스님한테 천도재도 하고, 교회 가서 기도도 드리고… 다 중요합니다.

그런데 어느 누가 진짜로 했다고 했을 때, 즉 영혼의 속도는 빛 속도보다 빠릅니다. 천도가 끝났습니다. 비법을 썼으면 누구 말도 믿지 마세요. 실험을 하세요. 술맛이 바뀝니다. 쓴맛이 단맛으로 바뀝니다.

우리는 눈에 안 보이지만은 이것이 진짜 천도재입니다. 떠도는 영혼들이 내 터에 와있어요. 우리는 그것을 모르고 장사를 합니다. 음식 장사를 합니다. 술을 팝니다.

술을 먹으면, 떠도는 귀신이 있으면, 술맛이 독해집니다. 맛이 없어집니다. 당연히 손님이 안 오지요. 이것도 모르고 인테

리어 잘하고, 광고 잘하고, 또 망하면, 또 망하고… 바로 이번에 22사단 터가 잘못되었기 때문에 원귀가 많기 때문에 또 사고 나고 또 사고 나고 또 사고 나는 겁니다.

소승 일파가 이렇게 유명한 것은 뭐냐 바로 진짜 천도비법을 전수받아서 여러분에게 알려드리고 진짜 천도재를 해드리는 겁니다. 그런데 요즘 굿 안 해본 사람이 어디 있습니까? 지금 백중인데 천도재 안 하는 사람 어디 있습니까? 음식을 차리는 게 중요한 게 아니고, 진짜 천도재를 해드려야 만이 바뀌는 겁니다. 바로 어떻게 명당을 만드느냐 바로 여러분이 사진, 내가 장사가 잘 안된다. 사진을 찍으세요. 그리고 주소를 가지고 지금 소승 일파와 상담하셔야 합니다.

바로 그것을 보고 여기에 원귀가 몇 분 있는가를 확인하고 진짜 천도를 해드립니다. 이후 술맛이 좋아지고 발복이 되어 손님이 많이 오고 돈이 들어오는 겁니다. 우리 학생들 왜 수능 고득점이 나오느냐, 왜 명문대를 가느냐, 학생의 원귀도 보지만은 제일 중요한 공부하는 터에 원귀가 있나 없나 이걸 보고 진짜 천도를 해주는 겁니다. 그러면 벌써 자녀의 머리가 맑아지고 공부가 되고 당연히 공부가 되니까 수능에서 점수가 올라가죠.

수능이 잘되니까 명문대를 가죠.

바로 이겁니다. 내가 장사가 잘되겠다 하고 싶으신 분들은 터의 사진과 주소를 찍으세요. 내 자녀를 정말 훌륭하게 키우고 싶다, 명문대를 보내고 싶다, 공무원 시험, 고시, 진급과 더 좋은 곳으로 발령을 받고 싶다. 이런 분들은 터의 사진을 찍어서 저와 상담하셔야 합니다.

여러분들이 앞으로 음식점을 한다, 모텔을 한다, 노래방을 한다, 공장을 한다 등 사업을 할 때는 터부터 점검해야 합니다. 내 자리에 귀신이 있으면 대형사고가 벌어집니다.

■ 유산과 낙태를 하신 분

세월호 사건, 22사단 전방 총기 사건, 수많은 자살 등의 사건들과 불치병, 암 등 뉴스를 보면 매일 시끌시끌합니다. 우리나라가 OECD 국가 중 암, 자살, 치매, 이혼 등 정말 안 좋은 게 1, 2위를 다투고 있기 때문입니다.

눈에 보이지 않습니다. 소승 일파가 약 20년 동안 영혼 공부를 하면서 제일 원통하게 생각하는 것이 낙태와 유산의 원귀입니다. 이 원귀들이 떠돌다가 찾아오게 되면 우리에게는 바로 아주 나쁜 영향을 미칩니다. 유산과 낙태를 하신 분은 아무 말씀 마시고 천도재부터 시작해야 합니다.

우리가 이 땅에 오려면 어머니, 아버지가 결혼을 하셔서 육체를 만들 때 영혼이 들어오는 겁니다. 그리고 태(胎) 10달 동안 임신이 되었다가 태어나는데 낙태를 합니다. 자의든 타의든 간에 영혼이 떠나버립니다. 갈 곳이 없습니다. 어머니를 찾아옵니다. 낙태는 아직 우리에게는 숨길 수밖에 없는 내용입니다. 숨겨서는 절대 안 됩니다. 바로 우리 자녀들이 불치병이 걸리고 내가 정신적으로 암, 불치병이 오고 또 어느 순간에 아무리 열심히 노력해도 사업이 망합니다.

아무 말씀 마시고 유산과 낙태를 하셨다면 꼭 열일 다 제쳐놓으시고, 바로 이 원귀 천도부터 시작하셔야 합니다. 이것이 바로 여러분이 살길입니다.

지금 좀 잘 산다고, 지금 좀 호화스럽다고 방심하면 안 됩니다. 밥 잘 먹고 잘 나가도 자살합니다. 교통사고 당합니다. 이걸 어떻게 증명하겠습니까? 이것은 과거에 나의 업보입니다. 고로 내가 살인을 했기 때문에 평생토록 사죄하는 마음으로 살아가야 합니다.

그리고 좀 더 복을 받으려면, 내 주위에 유산과 낙태를 하지 말라고 계몽운동을 하고 도와드리고, 이것이 우리가 언젠가는 죽었을 때, 좋은 곳으로 가는 비법입니다.

특히 문화가 상당히 개방적으로 변하다 보니 모델 사업하시는 분들, 성매매, 술집 내가 자의든 타의든 유산과 낙태에 대해서 도왔습니다. 이런 분들 특히 돈을 좀 버셨다면, 우리보다 소외된 유산과 낙태를 하신 분들을 위해서 봉사하셔야 합니다. 그리했을 때 여러분은 큰 복을 받으실 겁니다.

그리고 비밀리에 낙태하시는 산부인과 의사들 반성해야 합니다. 살인을 저지르고 있는 겁니다. 유산과 낙태는 아무 말씀 마시고, 참회하고 또 참회하셔야 합니다. 소승 일파가 천도재를 하는 목적은 제일 먼저 '유산과 낙태를 하지 마십시오' 입니다.

아마 다른 곳에서 굿도 하시고 천도재도 많이 하셨겠지요. 하지만 어느 것이 진짜인가 평가하시고, 평생에 한 번 하는 것임을 염두에 두시길 바랍니다. 소승 일파를 따르십시오. 일파의 말을 믿으십시오. 그것만이 여러분이 살아가며 흉을 당하지 않는 살길입니다.

상담 및 후원

■ 신은 결코 인간에게 불행한 운명을 주지 않는다

그분은 그저 우리를 변함없이 도와주고 계실 뿐이다. 인간 운명은 천신(天神)과 지신(地神)의 기(氣), 조상신(組上神)과 후손의 기가 어우러져 만들어진다.

살아생전 부모에 대한 효의 마음을 돌아가신 후에도 이어가는 것이 효 학문이요, 영혼의 안식을 빌며 음덕을 비는 것이 천도와 발복이다.

지금까지 우리 선조는 산 자에 대한 효의 마음을 돌아가신 영혼에까지 이어 조상 섬기기에 정성을 다하였고, 조상의 영혼을 편안히 모시고자 영혼 천도재, 49재를 비롯한 많은 연례를 행하였으며 집집마다 사당을 두어 조상에 대한 예를 다하였다.

이것은 눈에 보이지 않는 조상의 기가 후손의 운명에 결정적인 영향을 끼친다는 믿음에서 비롯된 것이었다. 후손들에게 부모를 섬기듯 언제나 베푸는 마음으로 올바른 삶을 살아야 한다는 가르침으로 계승되었다.

나는 오늘날 서구 문명과 문화가 범람하고 다양한 형태의 사상과 종교가 갑론을박하는 사회에서 인간 행복의 기본 원리인 '효 사상'과 '영혼 철학'이 간과되고 사라져 가는 것에 통탄을 금할 수 없다.

물질적 영욕과 개인의 영달을 꾀하는 것이 결코 나쁘다는 것이 아니다.

누가 뭐라 해도 인간 행복은 육체적 안락과 물질적 풍요로움을 기초로 하는 것이기 때문이다. 배고픈 소크라테스도 좋을 수 있지만 기왕이면 배부른 소크라테스야말로 완벽한 행복이 아니겠는가?

내 운명의 행복을 빌고, 그 행복을 추구하며 사는 우리 모두는 이제 그 기본 바탕을 다시 다져야 할 때이다. 나에게 직접적 영향을 주는 5대까지의 조상귀의 안위를 살피고, 구천을 떠도는 수많은 원귀 중 내게 찾아온 영혼을 평안하게 모시며 효의 마음으로 가족과 이웃을 사랑하며 살아가야 한다.

당부하건대, 여러분 모두 스스로 영혼의 안부를 알아보고, 실험해 보시기 바란다. 묘지든 사진이든 지방이든 마찬가지이다. 그리고 못 가신 영혼이 있다면 반드시 영혼 천도로 평안한 곳으로 모시고 그 기가 바뀌었는지도 확인해 보라. 운명은 그 기(氣)의 변화에서 시작된다.

또한 나 자신의 안녕만을 생각하지 말고 가난하고 소외된 자들 또한 굽어살피어 그들도 이 살기 좋은 세상에 밝은 빛이 존재한다는 것을 느끼도록 해줌으로써, 그들 또한 진정한 웃음과 행복을 가지도록 해주어야 하지 않겠는가?

나는 한 치의 거짓됨과 허황된 말을 하지 않는다. 조상천도를 통해 욕심을 버릴 줄 알게 되었고, 남을 배려하고 이해하고 도와줄 수 있는 미덕도 알게 되었다.

믿음보다는 불신과 의심이 팽배한 현실에 좌절과 절망을 느낀 때도 많았지만, 나를 믿고 따라준 많은 이들의 마음속에 진실로 행복과 즐거움이 가득한 것을 볼 때 너무도 큰 보람과 감동을 느낀다.

나의 마음은 초지일관 변함이 없다.

떠돌고 고통받는 수많은 영혼을 위해 천도하는 길만이 내가 숨 쉬시며 살아가는 이유의 전부다. 그러나 모든 것이 턱없이 부족함을 느끼기에 '효 학문'과 뜻을 함께하고 싶은 분들의 정성 어린 손길과 후원을 기다리며, 아울러 떠돌고 고통받는 한 분의 영혼이라도 정성스런 마음으로 모셔드리고 기도하고 싶다. 나의 간절한 바람이기도 하다.

살아 계신 분께도 효(孝)요, 돌아가신 분께도 효(孝)다.

역사에 희생되어 억울한 원혼으로 황량한 이국땅을 떠돌고 계신 수많은 우리의 선열들을 더 이상 버려두어서는 안 될 것이며, 하루빨리 후손들이 직접 그 영혼들을 모셔드려야 한다.

조상 영혼의 발복을 통해 '그 집안에 훌륭한 자손을 얻게 하겠습니다'는 것이 이 책의 중요 핵심 사항이다.

이 글을 읽고 '효 학문'과 '영혼 철학 학문'에 관심이 있으시거나 성공, 출세의 큰 꿈을 갖고 계신 분 중 저와 개별 상담을 원하시거나, 출장(터) 상담을 원하시는 분이 계시면 네이버 〈효학문연구소〉 검색하여 상담 신청을 해주시거나, 아래 휴대전화나 카카오톡으로 신청하여 주시기 바랍니다.

감사합니다.

휴대전화: 010-2609-9615

카카오톡 ID: laka1234

치매 파킨슨병 예방법

미국 의사들과 과학자도 인정

일파 스님 지음

발행처 도서출판 청어
발행인 이영철
영업 이동호
홍보 천성래
기획 남기환
편집 이설빈
디자인 이수빈 | 김영은
제작이사 공병한
인쇄 두리터

등록 1999년 5월 3일
(제321-3210000251001999000063호)

1판 1쇄 발행 2025년 2월 3일

주소 서울특별시 서초구 남부순환로 364길 8-15 동일빌딩 2층
대표전화 02-586-0477
팩시밀리 0303-0942-0478
홈페이지 www.chungeobook.com
E-mail ppi20@hanmail.net

ISBN 979-11-6855-282-1(03180)